Mémoire d'un Déporté

Victime de mai 1943 à juillet 2012

Souvenirs de mon père, André HARTMANN,
déporté à Sachsenhausen de mai 1943
                              à mai 1945,

"Ça pourrait être pire"

Ce que j'écris, l'est d'un trait, au fur et à mesure de mes souvenirs et de ma mémoire. Donc, nulle refonte ni correction ; c'est écrit comme je l'ai vécu (ou survécu !)
André Hartmann

© 2024, Joël Hartmann

Impression à la demande

Édition :	BoD – Books on Demand, info@bod.fr

Impression :	BoD – Books on Demand, In de Tarpen 42, Norderstedt (Allemagne)

ISBN :	978-2-3225-1965-1

Dépôt légal :	avril 2024

Couverture :	aquarelle "Euthanazie" d'André Hartmann

Avant Propos

Mon père, André Hartmann, est décédé le 8 juillet 2012, ça fait bientôt douze ans. Il avait 87 ans. C'est à ce moment-là seulement que j'ai découvert tout un pan de son existence et l'ampleur du traumatisme de sa vie. Il n'a commencé à en parler que cinquante ans après les faits, et à témoigner activement quelques années plus tard. Et encore, uniquement dans certaines circonstances, et à quelques personnes qu'il pensait aptes à écouter. Et à entendre...

Adhérent à l'association des anciens déportés d'Ivry dont il est devenu président sur ses dernières années, il écrivait les discours pour les cérémonies commémoratives, il participait activement aux actions de l'association et rencontrait les jeunes élèves dans les collèges pour transmettre la mémoire... Mais il n'en parlait guère à son entourage et quasiment jamais en famille. Ma mère y était très réfractaire et l'empêchait d'en parler en perturbant ces conversations. Comme il l'a écrit dans ses notes : « *je reprends mes souvenirs tels qu'ils me reviennent, surtout la nuit, j'en parle maintenant assez peu, car beaucoup d'oreilles n'aiment pas en entendre parler.* » Il écrivait ça vers 2009-2010, soit environ soixante-cinq ans après les faits !

Et pourtant... J'aurais tant aimé qu'il m'en parle davantage. Ça m'aurait sans doute permis de comprendre tant de choses, de mieux le connaitre et, probablement, d'avoir une autre relation père fils avec lui. Mais s'il pensait que « *beaucoup d'oreilles* » n'aimaient pas entendre ces terribles souvenirs, c'est qu'effectivement des oreilles, parfois proches, ne le supportaient pas, et il a fini par les taire à son entourage.

Bien sûr, quand j'étais enfant, il lui arrivait de tenter de nous expliquer ce qu'il avait traversé. Je me souviens du grand livre de la déportation dans lequel j'avais entrevu les atrocités, pour lesquelles un enfant de six ou huit ans n'était pas prêt. Mais il le refermait vite en me regardant. Il voyait bien qu'il ne pouvait montrer ça à ses enfants. Parfois aussi, il commençait à nous raconter un épisode terrible où il avait dû se battre pour sa survie, parfois juste pour un seau de pommes-de-terre. Mais il s'interrompait rapidement pour ne pas nous exposer le sordide. Sans doute supportait-il douloureusement cette terrible frustration de ne pas pouvoir parler des horreurs vécues, de ne pas pouvoir partager cette souffrance.

Cette impossibilité de communiquer rappelle ce que décrit Primo Lévi dans la postface de *Si c'est un homme*[1] : les réticences à affronter pour se faire entendre ont demandé beaucoup de temps avant qu'il ne trouve la force de les surmonter. Entre la normalité du présent et l'horreur du camp, il faut construire une « *mémoire artificielle* » et des « *barrières défensives* » pour parvenir à en faire un passé qui enrichit et affermit. La barbarie comme université[2]... Quelle force il faut pour se reconstruire ! Primo Lévi exprime la valeur cathartique du témoignage. C'est parce qu'il a eu très tôt la force de témoigner par le biais de son livre qu'il a pu se libérer de « *ses émotions violentes et pénibles* », se forger cette « *barrière défensive* ». Et c'est vrai qu'il considérait ce passé douloureux comme son école de la vie. Dure école, traumatisante...

Mon père évoquait ce même instinct de vie...

De survie... car il en souffrait toujours. Des séquelles physiques de maladies contractées là-bas, bien sûr, mais surtout le traumatisme d'une adolescence passée en enfer qui lui occasionnait des cauchemars quasi quotidiens ; l'impossibilité de rester alité, même quand il

---

[1] *Se questo è un uomo,* Primo Levi, Giulio Einaudi éditeur, 1958 ; traduction française : *Si c'est un homme, Julliard, 1987*

[2] Comme évoqué dans la conclusion de l'appendice de novembre 1976, à *Si c'est un homme.*

était malade, car il avait conservé l'étrange certitude que si un jour il n'arrivait pas à se lever, il serait mort le lendemain ; des sautes d'humeur incompréhensibles pour son entourage lorsqu'une scène du quotidien réveillait une blessure encore à vif : la vue d'un simple vêtement, un mot mal choisi, une image trop évocatrice... Car il est resté un écorché vif qui s'est efforcé de se reconstruire toute sa vie durant, et qui y est, en grande partie, arrivé. En tout cas en apparence.

Privé d'une scolarité pourtant prometteuse, il a dû s'inventer une profession, s'inventer une jeunesse, puisqu'on lui avait volé son adolescence[3], se construire une vie familiale, quoique chaotique, puis une autre qu'il a réussi, petit à petit, à faire entrer dans une normalité.

Pourtant, jusque sur son lit de mort, quelques jours seulement avant de s'éteindre, les hallucinations provoquées par la morphine peuplaient encore sa chambre de SS qui le persécutaient.

---

[3] Il a dû arrêter ses études pour travailler lorsque, dès octobre 1939, le gouvernement Daladier a interdit le Parti Communiste. Son père, Marcel Hartmann, élu communiste, a été contraint de rentrer en clandestinité, privant la famille du principal revenu.
Quant à son adolescence... Arrêté en avril 1942, il n'avait que 17 ans, il ne sera libéré qu'en mai 1945.

Des souvenirs terribles le harcelaient pendant les quelques moments de répit que laissait sa maladie, jusque dans ses dernières heures. Il a dû se battre jusqu'au bout contre le traumatisme psychologique, contre cette blessure invisible qui n'a jamais cicatrisé.

Sur la fin de son existence, il a commencé à dépasser ce mutisme forcé. Alors il a commencé à parler. En avançant vers le terme de sa vie, le devoir de mémoire se faisait plus prégnant, plus impérieux et il livrait ses témoignages à d'autres et sous d'autres formes. Ses discours, ses échanges avec les collégiens, son témoignage filmé pour les archives d'Ivry et les notes manuscrites que nous avons découvertes, écrites à la plume sur un cahier d'écolier, révélaient ce besoin irrépressible de transmettre ses souvenirs avant qu'ils ne s'effacent avec lui.

Malheureusement, il a commencé à écrire bien tard ; plus de soixante ans après la fin du cauchemar. Aussi, malgré son empressement à témoigner, il n'a pu nous livrer qu'une trentaine de pages manuscrites qui s'entrouvrent sur l'horreur, mais laissent le regret de savoir que tant de choses se sont perdues.

N'étant pas moi-même témoin des faits historiques, je me disais que je n'avais aucune légitimité, en tant qu'enfant de déporté, à présenter ses mémoires, ni rien à ajouter. Mais comme on l'a vu, l'histoire de la déportation ne s'est pas arrêtée en 1945. Le poison instillé a continué à agir au plus profond de son être, à le torturer des années durant. Il a dû lutter toute sa vie. Aussi, j'aurais manqué à ce travail de mémoire de ne pas publier ses mémoires et de ne pas les compléter par quelques aspects moins visibles, moins connus de ses séquelles : ce qui reste après tout ça, l'impact sur l'être humain, sur ses proches, sur sa vie au quotidien, sur sa relation aux autres...

Il est des liens que je ne commence à entrevoir ou à comprendre depuis très peu de temps, des impacts sur sa famille, sur ses enfants, sur leur éducation et les répercussions sur leur personnalité... Son fort caractère, son charisme, sa détermination, fabriqués dans les forges de cet enfer laissent forcément des traces au travers de l'éducation dans le développement des enfants.

Personnellement, il m'a fallu environ cinquante ans pour prendre confiance en moi et discerner, sans les comprendre, l'existence de liens entre le vécu de mon père et certains aspects de ma propre personnalité. Comment prendre sa place face à une telle figure paternelle ? Père écrasant, émotionnellement distant ? C'était un très fort caractère que j'ai craint pendant une grande partie de mon enfance et que je n'ai commencé à connaitre qu'à la fin de mon adolescence.

Quoi qu'il en soit, il était comme il était... et certainement pas comme il aurait dû être si on ne l'avait pas transformé avant même qu'il ne se soit complètement construit. Et quand on soulève le petit bout du voile qui masque la monstrueuse réalité qu'il a traversée, on ne peut que pardonner et admirer le chemin qu'il a accompli pour repousser la barbarie instillée dans sa mémoire et le laborieux travail de reconstruction qu'il a accompli.

Et il a fini par vaincre la barbarie : sur la fin de sa vie, il a réussi à redevenir celui qu'il n'aurait jamais dû cesser d'être.

Pour que la mémoire se transmette...

J'ai récupéré toute la documentation qu'il conservait sur cette période et en particulier ses écrits avec cette consigne : « *Nulle refonte ni correction* ».

La question que je me pose alors aujourd'hui, et en réalité depuis près de douze ans, c'est que faire de ses mémoires, puisqu'il a clairement demandé qu'on n'y apporte « *aucune correction* » ? Que voudrait-il qu'on fasse ? Comment transmettre sans pervertir le message qu'il voudrait laisser. Il a écrit ses mémoires très tardivement, et ses volontés ont évolué au cours de ses dernières années. Son témoignage aurait pu s'inscrire dans le livre *Sachso*[4]. Pourtant, il n'a pas voulu s'y joindre. Pourquoi ? N'était-il pas encore prêt quand il fut sollicité ? Avait-il peur que ses témoignages, réinterprétés, alimentent une littérature à vocation purement mercantile ? Avait-il peur de ne pas être cru, tant la réalité qu'il a vécu lui paraissait encore proprement incroyable ? Ou peur de trahir la vérité comme il l'a quelques fois évoquée ?

J'ai pourtant retrouvé, huit ans après sa mort, dans la bibliothèque juste à côté de son lit, un

---

[4] Sachso, de l'amicale d'Oranienburg-Sachsenhausen, Éditions de minuit, 1981

exemplaire de *Sachso* annoté de sa main de quelques détails issus de sa propre mémoire.

Il nous a peut-être laissé un indice au cours d'un de ses entretiens à propos de la question de la mémoire : « *Vous savez, quand les témoins disparaissent, l'histoire est souvent... Chacun le dit avec son cœur, mais il l'a vécu. Là, je parle comme témoin pour l'instant ; je n'essaie pas d'échafauder : "j'ai fait ci, j'ai fait ça". Mais il y a ceux qui en ont fait des romans. Moi je veux bien, mais il y a des choses qui sont... On ne fait pas exprès, mais on extrapole un peu... Et puis on risque de sortir de la vérité ! Alors moi, je reste dans la vérité tant que je peux* ».

La peur de trahir la vérité !

Moi, cette vérité, je ne la connais pas ; j'ai la chance de ne pas l'avoir vécue. Alors il me paraissait clairement que je n'étais pas légitime à changer un mot de ses écrits, car c'est la réalité telle qu'il l'a subie, perçue et ressentie.

Aurait-il changé d'avis les dernières années, au moment où il a commencé à écrire et à témoigner ?

Pas moyen de le savoir, mais si je me lance aujourd'hui, en espérant ne pas le trahir, c'est parce que j'ai réalisé que la pire façon de le trahir, serait de ne pas transmettre sa Mémoire.

Sur ses dernières années, mon père s'est beaucoup mobilisé pour partager ces terribles souvenirs, notamment aux plus jeunes. Aussi, toute imparfaite que soit cette contribution, la pire solution serait de ne rien tenter pour transmettre sa mémoire, et de la laisser s'éteindre dans l'oubli.

Mais aujourd'hui, près de douze ans après sa disparition, comment présenter ses mémoires, comment faire la part des choses sans pervertir la réalité, surtout quand il y a un rapport filial ? En faisant au mieux, m'a-t-on dit... Toute histoire, quand elle n'est pas propagande, n'est qu'une interprétation qui tend seulement vers l'objectivité...

Alors comment faire ? Rester dans un document fragmentaire ? Faire une de synthèse de ses écrits, de ses dessins, de quelques photos d'archive et des copies de ses écrits les moins illisibles pour montrer à quel point l'écriture parfois torturée laisse transparaitre la violence de ses souvenirs ?

J'ai finalement décidé de compléter ses mémoires par un témoignage sur sa vie d'après. On y discernera sans doute quelques traits des conséquences de la déportation qui se sont fait sentir, bien après son retour, tout au long de sa vie, sur lui, sur son entourage et peut-être sur la génération suivante : séquelles invisibles, insidieuses. Après la barbarie, ce qui est resté, c'est un être humain cabossé, des difficultés dans sa relation aux autres, à ses proches, la difficulté de dévoiler ses sentiments... Tout ce que psychologues et psychothérapeutes ont identifié bien plus tard sous le terme de *traumatismes générationnels*. Certaines conséquences ne commencent à se dénouer que récemment, même si je les entrevois depuis quelques années.

La solution que j'ai retenue, sera donc de respecter le souhait de mon père : livrer ci-après ses écrits tels qu'il les a laissés, sans refonte, ni correction. Cependant, ayant retrouvé différentes versions de ses témoignages dont des discours qu'il a rédigé, et des retranscriptions d'interviews, j'ai dû les ajouter en les insérant dans le texte de son manuscrit qui constitue la trame de ses mémoires.

Malgré cela, conformément à ses souhaits, ce texte n'a subi aucune modification.

Pour la fidélité de la restitution, ces ajouts apparaitront dans les pages suivantes avec des caractères différents.

Ainsi, les passages correspondant à des témoignages extraits d'autres documents : discours de commémoration qu'il a rédigés ou entretiens avec des journalistes, apparaitront sous cette forme.

Par ailleurs, les quelques remarques que j'ai dû ajouter seront [*en italique et entre crochet (JH)*].

Enfin, la dernière partie de cet ouvrage, à partir de "L'après-guerre", constitue un témoignage indirect, reconstruit à partir des documents de ses archives personnelles et de mes propres souvenirs.

Joël Hartmann

Enfance

[*Ce chapitre n'est pas exhaustif. J'ai retiré les passages strictement personnels. En revanche, il m'a paru important de rapporter la mémoire de sa vie familiale d'avant-guerre. Replacer le contexte permet de mettre en relief la rapidité et la brutalité avec laquelle la guerre a bouleversé les vies (JH).*]

Nous aménageâmes au 173 Route Stratégique d'Ivry. Pour nous, ce fut un grand bonheur : un appartement moderne pour l'époque, quatre pièces situées sur une colline (hélas), électricité et gaz… Nous avions une vue sur le Bois de Vincennes et sur toute la ville d'Ivry. Ivry était une vie très agréable pour l'époque. Nous allions acheter le lait à la ferme ; nous étions entourés de verdure par le fort très proche et les cultures maraichères jusqu'en bas de notre colline. Et la vie plus heureuse commença pour nous.

Nous étions une famille heureuse avec des parents aimants et attentifs. De ma maman, je n'ai que de bons souvenirs, bien qu'au fil des ans notre famille comptât sept enfants, garçons et filles, assez turbulents mais, au demeurant, obéissants et respectueux des parents.

Papa, lui, fut toujours un très bon père, mais très occupé par le travail et aussi ses tâches politiques et syndicales dont il avait des responsabilités – car il fût élu conseiller municipal et aussi, au travail, délégué syndical. J'ai eu le privilège de l'aider dans cette tâche en étant un petit écrivain : il avait appris à écrire pendant la guerre. Il écrivait de façon très simple qui dénotait chez lui une pensée claire et précise. Quand j'eus dix ans passés, je lui récrivais les rapports ou tracts qu'il rédigeait. Je regrette de n'avoir pu garder ses écrits très clairs et précis dont seule la ponctuation était approximative.

Je me souviens de ma première année à l'école d'Ivry Centre. Pour nous y rendre, nous descendions par un sentier qui longeait les jardins maraichers, puis, après avoir tourné à droite, après avoir dépassé l'entrée d'une champignonnière souterraine, nous descendions la rue Malicot le long du petit bois à notre droite. Arrivés au bas, nous tournions sur la gauche puis nous arrivions place de la république. Après la grille, nous franchissions l'entrée où le directeur nous attendait. Nous passions devant lui, en le saluant béret bas, et il vérifiait la propreté des mains et aussi méthodiquement celle de nos oreilles. Cela ne l'empêchait pas d'être un brave homme à la figure ronde, d'autant qu'il avait eu une partie du front enfoncée pendant la guerre de 14-18. Nous le respections beaucoup. D'ailleurs, à cette époque, nous avions beaucoup de respect, voire de commisération pour ces hommes, amputés de jambes ou de bras, des *gueules cassées*, des pauvres hommes tout essoufflés d'avoir été gazés. Mes souvenirs de ces pauvres hommes datent à peu près de mon arrivée à Ivry.

Abordons l'époque scolaire et aussi familiale de cette époque – disons de 1930 à 1940, donc de mes 6 ans à mes 16 ans. Je ne me souviens pas, malgré notre pauvreté, d'avoir été malheureux. Mes parents étaient très attentifs à nous apporter affection et aussi, si possible, confort. Quant à l'instruction, ils étaient très respectueux envers le personnel de l'école et ils suivaient attentivement nos progrès et étaient même enclins à surveiller éventuellement les punitions, voire à les augmenter.

Quand nous avons abordé la guerre de 14-18, j'ai posé des questions à mon père ; il l'avait « faite » de 1914 à 1918 et il était décoré de la croix avec palmes et de la médaille militaire. Il n'en tirait aucune fierté et quand il a jugé que j'étais en âge de comprendre, il m'a expliqué que la guerre était un immonde crime et qui ne réglait jamais rien, n'apportait que deuils, douleurs et faisait des millions d'orphelins.

Quand on lui disait qu'il avait fait la guerre, il disait : « non, on m'a fait la guerre ».

Quand je lui ai demandé pourquoi il avait été décoré, il m'a répondu que la guerre mettait face à face de pauvres pères de famille, de pauvres gens qui en d'autres circonstances auraient été amis. Puis on leur commandait de s'entre-tuer. Celui qui refusait était un traitre et, normalement, fusillé. Quant aux survivants de ces atroces boucheries, ils étaient décorés.

Et quand on lui parlait des décorations, il disait « que les décorations étaient au fond de l'armoire ».

C'était simple, atroce et immonde, me disait-il. Il avait raison.

Je ne lui ai jamais demandé s'il avait tué un allemand pendant la guerre. Je crois que cela aurait provoqué chez lui une grande tristesse, car il était pour la paix et internationaliste, très profondément. Et ce qu'il avait vécu lui en donnait une persuasion profonde et une sincère conviction.

Il a toujours provoqué chez moi un amour profond et très respectueux. Il fut un très bon père. Même maintenant, quand je pense à lui, c'est à mon papa resté dans mon cœur. Je ressens toujours envers celui qu'il fut, une grande piété paternelle.

Et maman alors ? Elle était notre Fée du logis ; affectueuse, sévère aussi et veillant avec amour et efficacité sur la smala (alors là, elle avait du mérite !). Au demeurant, elle était très pointilleuse sur la politesse et tout le respect que nous devions à autrui. Je lui suis toujours reconnaissant de cela et, aujourd'hui, je salue toujours nos prochains, y compris et surtout les enfants.

Voilà notre famille à peu près décrite. Elle était pauvre et assez affectueuse. Je suis absolument sûr que j'y vécus heureux. Merci mes parents, et aussi plus ou moins mes frères et sœurs.

Nous vivions donc dans des systèmes familiaux et sociaux et de contacts de camaraderie nombreux. C'était le bonheur, mais les évènements extérieurs allaient troubler, voire détruire cette harmonie.

Contexte historique

Je passe sur les évènements de 1934, les 6, 9 et 12 février qui font partie de l'histoire de France[5], pour arriver à 1936.

En France, après de longues grèves, les élections de 1936 portent un gouvernement de gauche au pouvoir, qui donne aux salariés la semaine de quarante heures et deux semaines de vacances pour les ouvriers. Le monde semble sourire, attendant un avenir radieux. L'avenir semble bleu ; pas pour longtemps… En cette fin d'année 1937, tout est en fête en France ; il y a l'exposition universelle qui remporte un vif succès et que j'ai eu le bonheur de visiter. L'Allemagne et l'URSS se dressaient face à face au bord de la Seine en des pavillons immenses. Sur le sommet du premier, un immense aigle menaçant faisait face à un homme et une femme brandissant faucille et marteau.

---

[5] Journée d'émeutes fomentée par les mouvances d'extrême droite le 6 février qui se soldera par la démission de Daladier. Réaction le 12 des forces de gauche qui voient à travers ces évènements le danger d'une montée du fascisme en France.

Nous croyions tous au bonheur... et aux lendemains qui chantent[6]. En 1937, la France est toute à l'exposition internationale à Paris, la joie est presque partout pendant que l'Espagne républicaine agonise. Donc notre famille se retrouvait et pouvait profiter des bonheurs d'alors, avec les vacances payées et les salaires un peu moins minables qu'avant 1936. À la maison, notre famille est heureuse, la maison s'agrandit par une nouvelle naissance et nous sommes bientôt sept enfants.

En cette année, je passe mon certificat d'études et mon père, avec l'accord exprès de maman, décide de me faire poursuivre mes études en secondaire et en octobre, je débute dans le secondaire. Papa et maman sont très contents et me félicitent C'était un sacrifice pour notre famille assez pauvre, car après le *certif*, généralement c'était le début du monde du travail. D'ailleurs, Jean travaillait déjà, apprenti boucher. Quant à Denise, ça faisait plusieurs années qu'elle avait débuté. Elle avait un bon

---

[6] [*Version trouvée dans les premiers feuillets de brouillon :* "1936, après de longues grèves, apporte aux salariés la semaine de quarante heures et deux semaines de vacances. Le monde semble sourire, attendant un avenir radieux"].

métier pour l'époque : stoppeuse. Les gens prenaient soin des vêtements et les faisaient réparer avant l'usure jusqu'à la corde.

Pour nous à Ivry, le malheur va dissocier la famille. Le bâtiment que nous habitons menace de s'effondrer à cause des travaux pour construire la rue Robespierre et aussi, et à peu près en même temps, le creusement du tunnel du métro juste au même endroit. Nous évacuons donc le 173 et nous ne sommes pas immédiatement relogés. Une nouvelle époque débutait pour nous.

Juillet 1937, je reçois pour mon certificat un dictionnaire Larousse et aussi un livre : un condensé des évènements de l'année 1936 publié par l'hebdomadaire *Lecture pour tous*. J'y trouvai, entre autres, un article[7] qui ne m'interrogea pas outre mesure sur un des camps de concentration en Allemagne, relatant en outre les tortures qui y étaient perpétrées. Plus tard, après 1945, cet article m'est revenu à l'esprit lorsque des personnes qui eurent des responsabilités ces années d'avant ou surtout pendant la guerre nièrent qu'ils n'avaient jamais eu connaissance

---

[7] *Article signé Marie-Claude Vogel. Notre, Marie-Claude, celle qui se maria avec Paul Vaillant Couturier. Et j'en déduis qu'en France, nous étions au courant de l'existence des camps nazis, sauf ceux qui voulaient l'ignorer.*

des camps de concentrations en Allemagne hitlérienne — je pense entre autres à Papon qui est enfin décédé l'année dernière[8] — et à bien d'autres qui n'ont pas été punis pour leurs agissements horribles et dont certains sont encore en vie. Ils sont si vieux, direz-vous, et oui, mais leurs victimes, elles n'ont jamais vieilli ! Décédées pour la plupart dans d'atroces souffrances, la torture et les chambres à gaz.

En ce mois de septembre 1939, nous sommes, Rolande, Gilbert, Jeanine et moi à la colonie des Mathes, qui devient aussitôt un camp de réfugiés sous la houlette d'un directeur d'école et d'un encadrant nommé à la hâte. Les moniteurs de la colonie et le directeur (mon ami Roger Buessard) sont renvoyés chez eux ou à l'armée.

Roger Buessard était conseiller municipal ; je l'ai retrouvé là-bas, à Sachsenhausen. Il a été remplacé par un autre directeur. La colonie était devenue un camp de réfugiés pour enfants. Ça a duré jusqu'en novembre.

La *drôle de guerre* commence, les fronts sont stables, les armées s'observent et stationnent dans les cantonnements.

En novembre, nous rentrons à Ivry. Mon père disparait de la maison en fin de mois, le conseil municipal élu a été dissout ; les élus commu-

---

[8] Nous sommes en 2008

nistes sont déchus et poursuivis. Le gouvernement Reynaud nomme des ministres, députés, sénateurs, etc. qui n'ont rien à voir avec la République. Drôle de régime, drôle d'hiver. Les familles sont séparées de leurs êtres les plus chers par la mobilisation. Le rationnement se met doucement en place. Il y a quelques bombardements sporadiques et aussi, sur le front, quelques escarmouches. En fin d'hiver, les bruits de guerre sont plus dangereux. Jeanine, Gilbert et Rolande sont évacués vers le Cher. Denise part à Louviers avec Claude, son premier enfant. Son mari, Roland est au front.

Quand je suis rentré à la maison, normalement, j'aurais dû entrer en deuxième année complémentaire.

Papa a été *suspendu* de l'atelier STCRP[9]. L'argent n'entre plus à la maison. Ma rentrée à l'école en second degré est annulée et je dois chercher du travail pour gagner quelque argent.

Avec la guerre, tout bonheur cesse dans notre famille (et dans beaucoup d'autres malheureusement).

---

[9] [*Société des transports en commun de la région parisienne, qui assurait le transport par autobus, avant d'être intégrée à la RATP.*]

Je trouve un travail pour gagner de l'argent et subvenir à nos besoins. Jean, lui est garçon boucher et ne rentre à la maison que le dimanche après-midi ; ça fait quand même deux petites payes. Papa est recherché[10] par la police en tant que conseiller municipal communiste déchu de son mandat. Heureusement, il est très bien caché à Verrières-le-Buisson. C'est la tante Césarine, sa sœur, qui lui a fourni la cachette : une petite cabane dans un jardin qui lui appartient. Qui irait le chercher là, dans cette petite propriété qui appartenait à un couple dont le mari fût Croix-de-feu[11] ! Je vais le voir de temps en temps pour lui fournir ce dont il a besoin : linge propre, et aussi des messages et du matériel fournis par les camarades. La liaison se fait à vélo — qui chercherait à poursuivre un gosse qui fait quelques tours à la campagne ?

L'hiver passe sur cette *drôle de guerre* qui semble endormie. En Allemagne cependant, l'armée hitlérienne se prépare, mais notre gouvernement est sûr qu'elle perdra « car nous

---

10 Il est officiellement poursuivit pour grève pour la paix, fin novembre

[11] *[mouvement d'anciens combattants français de la Grande Guerre qui se transforme ensuite en organisation politique nationaliste, voire fasciste]*

sommes les plus forts » serinent les postes de TSF de l'époque et écrivent les journaux non censurés par le gouvernement Reynaud.

J'ai trouvé un deuxième travail, mieux, et assez bien rétribué, à la papeterie où, rapidement j'apprends à faire tourner une machine à paraffiner le papier. Ce travail me plait et fait rentrer un peu plus d'argent à la maison. Au fait, à la maison ne reste que maman et moi, plus Jean en fin de semaine. Une fois de plus, la famille est éclatée. Daniel est en Normandie avec Denise.

Le printemps 1940 arrive après un hiver assez rigoureux. Les soldats s'ennuient dans les casemates, tranchées et casernes. Il y a quelquefois quelques escarmouches qui font, à l'occasion, quelques morts.

Exode

Puis vint avril. Le bruit des armes devint violent. Les nazis commencent à beaucoup bouger. Il y a même quelques bombardements sporadiques sur la région parisienne ; mais « nous sommes toujours les plus forts ! ». Les armées nazies avancent déjà en Pays-Bas, Belgique puis Luxembourg. Nos armées font retraite pour regagner le nord de la France et arrêter (...?) l'armée nazie. Les Pays-Bas, la Belgique et le Luxembourg sont envahis. Une partie de l'armée française est encerclée dans la zone de Dunkerque.

Quant à moi, avec l'accord de Papa, je quitte Paris dans une camionnette de la papeterie d'Ivry bondée de matelas et de couvertures avec la famille du conducteur et une petite partie du personnel. C'est l'exode. La route est envahie de toutes sortes de véhicules, de la brouette en passant par les vélos, des voitures attelées de chevaux. Le tout avance à peine à l'allure de l'homme au pas sous la mitraille de l'aviation nazie qui s'en donne à cœur joie.

Peu à peu, de nombreux véhicules en panne sont abandonnés sur la route. À l'entrée d'Étampes, c'est la panne (bielle coulée). Les gens pleurent souvent sur les quelques biens chargés sur les véhicules et abandonnés. Quelques personnes restent sur place avec l'espoir dérisoire de pouvoir revenir et sauver ces biens… Dérision… dérision.

Je décide de continuer la route tout seul, continuant à pied pour fuir l'avancée allemande le plus vite possible. Quand j'arrive juste à Étampes, bombardement en piqué par les *stukas*. C'est extrêmement impressionnant, surtout pendant le piqué ; ces avions hurlent littéralement puis c'est l'impact des bombes qui éclatent les oreilles. Il me semble que toute la terre explose. Après les raids, des maisons volent en l'air, brûlent. La ville fut bientôt en partie la proie des flammes et de la fumée. Ce fut une grande panique.

Je décidai d'entrer en ville quand même pour y trouver un boulanger et quérir du pain. C'est l'horreur. Du sang partout, des maisons écroulées, l'air est irrespirable, des cadavres plus ou moins déchiquetés jonchent les ruines. Soudain, je vis sur une petite place, des cadavres déchiquetés parmi lesquels une femme dont il ne restait que le bas du corps, le tout en sang. Ce fut pour moi un grand choc. L'horreur me figeait sur place et des larmes jaillirent de mes yeux. Je me repris rapidement, mais je sentis que cette vision resterait toujours en moi.

Papa, avant la guerre de 39-40 m'avait parlé de la guerre ; il n'aimait pas. Il m'avait dit que c'était un crime et une immonde horreur. Il ne m'a jamais parlé de bravoure, bien qu'il fût décoré de la croix de guerre (14-18) et de la médaille militaire avec palmes.

Il m'a appris que les guerres ne résolvent jamais rien ; il était pacifiste.

Je repartis donc quérir du pain et point n'en trouvai. La ville venait d'être bouleversée par les ruines et les morts et aussi et surtout les gens étaient moralement très stressés.

C'est le premier bombardement que je subis. Je suis très choqué… Mais par la suite, je m'habitue. Malheureusement, on s'habitue aux horreurs quand on en vit plusieurs.

Je repartis donc sur la route vers le sud avec le vain espoir de fuir l'invasion des nazis. Après Étampes, toujours la route à pied et mitraillages par l'aviation nazie. Je me suis aperçu que lorsque l'on quitte la route, en mettant le plus d'espace entre elle et soi, c'était moins dangereux que de se coucher à terre le long de la route (même sous les arbres). Peut-être cela m'a-t-il sauvé la vie.

Je traversais Orléans sans trop de peine. Il y avait quelques dégâts, mais la route était dégagée (relativement). Arrivé au pont de la Loire, les militaires nous recommandaient de le passer rapidement. Il risquait d'être bombardé ou pis, si les nazis arrivaient, de sauter par le génie — français évidemment — après évacuation des réfugiés.

Les nouvelles qui parvenaient du front étaient de plus en plus mauvaises.

Après Orléans et la Loire, à la Ferté-Saint-Aubin, nous fûmes ravitaillés par l'armée à la gare, sur les voies. Pendant la distribution, alerte ; gros bombardement où le train de ravitaillement fut éventré. Je me réfugiai à côté de l'église. Une bombe explosa de l'autre côté ; l'église m'avait protégé[12].

Ensuite, je continue la route, toujours dans les encombrements, bien que les véhicules encore capables de rouler soient plus rares, sauf ceux de l'armée en déroute qui fuit vers le sud.

---

[12] [*Enfant, la route des vacances, la N20, passait juste devant cette église. Mon père disait alors qu'il avait failli se faire tuer par un bombardement à cet endroit-là, mais qu'il avait eu la chance d'être du bon côté de l'église. Ma mère ne manquait pas de faire remarquer qu'il le racontait à chaque fois. C'est ainsi que les émotions violentes qu'il avait besoin d'extérioriser se heurtaient à l'incompréhension. Devant le refus d'écoute, l'essentiel restait enfoui en lui. Je n'ai jamais pu en savoir davantage.*]

La descente continua ainsi vers le sud entre mitraillage et quelques bombardements, toujours à pied. J'allais aussi vite que les voitures et j'étais beaucoup plus mobile ; je pouvais essayer de me terrer dans quelque champ ou bois dès que j'entendais les avions. J'avais pris langue avec quelques jeunes qui cheminaient comme moi.

Et me voilà dans les environs de Buzançais, pas loin de Châteauroux. Dans l'air, on sent que beaucoup attendent des évènements importants qui vont changer le cours de l'histoire. Les gens sont d'une grande tristesse et les rumeurs d'armistice sont dans l'air. Soulagement pour les uns et honte pour les autres. Les mitraillages se sont raréfiés, puis ont cessé. Après une bonne nuit dans une grange, au matin, j'entendis un remue-ménage : « la paix est signée, la paix est signée (bis, ter, etc.), la guerre est finie ! » (ouais !). Beaucoup de gars après les souffrances étaient tout heureux. Nous sommes déjà, début Juin, et les nazis sont arrivés jusqu'à la Loire. C'est l'armistice honteux. La bataille de France est terminée dans la honte et l'anarchie. La moitié nord de notre pays est occupée et plus d'un million de prisonniers français sont acheminés en Allemagne à pied. L'Alsace et la Lorraine sont à nouveau territoire allemand et commence le recrutement des *malgré nous alsaciens*[13].

Donc, l'armistice signé, nous envisageâmes le retour sur Paris.

Des paysans m'ont, moyennant de m'alimenter, recruté pour les moissons. Après quelques jours à la ferme, les paysans étaient assez gentils et compatissants pour les réfugiés. En échange, j'ai participé un peu aux travaux des champs. Les foins restés sur les champs étaient à ramasser et la main d'œuvre rurale manquait.

Début juillet, je remonte sur Paris. Heureusement, il y a quelques trains qui remontent sur Paris. Enfin, je trouvais une place dans un train pour Paris, bondé bien sûr, de réfugiés remontant sur la capitale. Les places assises toutes occupées, plus les bagages hétéroclites qui encombrent les porte-bagages, couloirs et même parfois les banquettes. Certains jeunes voyagent debout sur les marchepieds, voire sur les tampons.

Je n'ai pas grand souvenir de mon retour sur Ivry où j'étais pressé de revoir maman. Après

---

[13] Alsaciens recrutés de force dans l'armée allemande. Certains arrivent à fuir l'alsace et échappent ainsi aux nazis.

un voyage assez long, ponctué de nombreux arrêts, j'étais de retour à Ivry. Joie de ma mère. Jean aussi, parti à vélo, était revenu.

La vie s'organise tant bien que mal ; plutôt mal d'ailleurs. Le ravitaillement devient très juste et même par moments les tickets ne sont même pas honorés. Évidemment, les margoulins se mettent en place et le marché noir rapporte gros y compris avec les occupants qui sont ainsi grassement ravitaillés. Heureusement, Jean rapporte un peu de viande de son travail ; tout le reste est rationné.

Occupation

La famille se regroupe partiellement : ma sœur Denise habite à la même adresse que nous avec, à partir de septembre, ses deux enfants, Claude et Suzanne. La vie reprend son train-train normal. Toute la famille est revenue, sauf papa qui est dans la clandestinité.

J'ai repris le travail à la papeterie. Pas pour longtemps, car un nouveau malheur va faire souffrir une partie de la population française. Notre patron, juif, est spolié de l'usine qui est obligée de fermer sur ordre des nazis. Le patron nous a réunis pour un au revoir. Je l'ai pour la première fois trouvé sympathique. Informé de la cause de son départ, j'ai presque versé quelques larmes.

Avant de disparaître en clandestinité, il laisse son usine à notre disposition pour y emporter ce que nous voulons. J'en ai profité pour ramener de la paraffine pour faire des bougies et de la résine pour faire du savon ; pas une très grande quantité, mais c'était toujours ça.

Bon ! Me voilà sans boulot. Il est urgent de trouver un travail. Me voilà donc à la recherche d'un nouvel emploi car l'argent se fait rare à la maison. J'en trouve un assez rapidement à Bonneuil ; vingt-huit kilomètres aller-retour. À vélo, c'est bon pour la santé. Cette boîte, c'est la C.I.B. (Compagnie Industrielle des Bois) une grosse menuiserie industrielle. Elle travaille en partie pour les allemands ; fabrication de baraques en bois pour pallier les habitations allemandes détruites par les bombardements... Et aussi pour fournir des baraques pour les camps de concentration !!! Mais ça je ne le savais pas.

La vie s'étire tristement avec les restrictions et bientôt la répression contre les opposants à la politique de Pétain, Laval et aussi à l'occupation nazie[14].

Jean, lui, travaille dans une boucherie charcuterie où il est logé toute la semaine. Nous vivons donc assez chichement avec le peu d'argent qui entre à la maison. Denise a un logement au deuxième étage au-dessus de la cour. Elle subvient, avec ses deux enfants, comme elle peut à ses besoins, son mari étant prisonnier de guerre.

---

[14] J'emploie toujours l'expression « nazi » pour l'occupant qui est de même l'oppresseur y compris du peuple allemand.

Résistance

La peur s'installe pour les uns, la collaboration pour certains, et aussi, les contacts commencent à se nouer pour les résistants malgré le peu de moyens qu'ils ont. Il faut recruter, publier et distribuer des tracts, trouver des armes, les cacher pour les utiliser le moment venu quand la résistance armée commencera à s'organiser avec un minimum d'efficacité.

Les communistes et les démocrates s'organisent pour résister et passer à l'attaque le plus tôt possible. Les attentats contre l'armée nazie commencent.

Dès 1940, Papa est devenu clandestin recherché par la police en tant que communiste déchu par l'équipe Pétain. La répression commence dès 1940, surtout pour les communistes qui sont déjà dans la dissidence, qui devient rapidement résistance. Les camps de concentration en France, Compiègne, Voves, Chateaubriand... ouvrent leurs portes pour accueillir leurs premières victimes...

Papa, je le vois de temps en temps d'un coup de vélo, toujours caché dans la cabane de la tante Césarine. Il a gardé contact avec les camarades du travail et aussi avec les copains d'Ivry.

La résistance s'organise tout doucement ; beaucoup de gars ont peur et les premiers contacts sont difficiles. Trouver du matériel d'imprimerie et aussi un endroit pour imprimer et pour diffuser la presse clandestine. Il faut aussi essayer de collecter des armes et de s'organiser.

Pour l'imprimerie, l'endroit est trouvé ; c'est dans un petit pavillon, rue Port Arthur chez Benoit. Elle a fonctionné jusqu'à la libération. Jean Compagnon et Raymonde Reynal, entre autres, y ont travaillé.

Quand j'étais revenu des Mathes, en novembre, je suis resté en contact avec mes camarades les plus proches, mes camarades d'école. Pour se réunir et ne pas attirer les gens, on se donnait rendez-vous aux sablières de Massy-Palaiseau. On s'est réunis comme ça entre copains et alors, il y a eu une répartition des camarades selon les quartiers où ils étaient. À ce moment-là, commençait à s'organiser la résistance pour les jeunes à Ivry. Parce que les hasards du temps ont fait que les jeunes ont été sollicités pendant la guerre : les années 26, 25, 24, jusqu'à 23. Parce que les années 22 et 21 avaient été mobilisées donc ils étaient soldats. Alors la résistance a commencé avec de gens jeunes et des gens vieux, parce que les autres étaient soldats. Il y avait bien quelques copains qui avaient été démobilisés, mais la jeunesse a beaucoup participé.

Avant, j'étais heureux à Ivry. Me retrouver à conduire des voitures à bras au lieu de continuer mes études, et puis voir mon père dans la clandestinité... C'est vrai que j'avais eu une éducation de jeune communiste, il faut bien le dire. Mais aussi d'avoir assisté au premier bombardement sur la route... La moitié du corps de cette femme déchiqueté, des horreurs... Et sur la route, je me suis rendu compte qu'ils mitraillaient des civils : on était mitraillés par des avions allemands qui suivaient. Ils ne bombardaient pas les soldats, ils bombardaient les civils. Alors, je me suis dit que c'étaient des gens cruels et puis la réputation de ce que j'avais lu sur les camps. Donc j'ai décidé spontanément d'être dans la résistance. C'est-à-dire qu'on avait des copains avec qui on en parlait et comme ça on est rentrés dans la résistance ; c'était flagrant. C'est ce qu'il fallait faire.

On se rendait compte déjà de l'occupation. On nous volait, l'armée nazie n'arrivait pas à être ravitaillée. Il y avait la faim, la marchandise sur les marchés devenait rare...

Il y avait, d'une part, la lutte contre l'occupant allemand, dénoncer ses exactions, les bombardements et, d'autre part, la dénonciation du gouvernement de Pétain. Parce que Pétain a eu les pleins pouvoirs avec une Assemblée Nationale amputée d'une partie de ses députés. Je ne vous dis pas lesquels[15]... Donc il a eu les pleins pouvoirs et il avait signé l'armistice, bien sûr soit-disant pour nous sauver. Et puis il y a eu, en plus,

---

[15] [*Le décret d'Édouard Daladier du 16 janvier 1940, déchoit de leur mandat 72 députés communistes.*]

l'armée française qui n'était plus en mesure de résister à l'armée hitlérienne. Alors, on ressentait un sentiment de revanche, un sentiment d'être occupés. C'était flagrant. Les soldats par exemple : vous étiez à Ivry, il y a deux soldats qui passaient sur le trottoir, vous aviez intérêt à descendre du trottoir pour les laisser passer ; c'était l'occupation. Et puis il y a eu Montoire.

La collaboration se met en place : Montoire et Pétain serrant la main de Hitler, les lois scélérates contre les juifs et les opposants au régime sont édictées...

Donc, on allait contacter les camarades et à l'époque, il y avait ceux qui acceptaient, ils étaient rares. Par exemple il y avait le frère Rostaing. Par contre, il y en a d'autres qui m'ont carrément foutu à la porte. C'est un détail, car quand je suis revenu de déportation, des camarades qui au début n'avaient pas accepté avaient quand même pris les armes vers 1943-1944.

Quant à moi, j'avais Jacques Deshaie comme responsable et il avait une cache rue Parmentier dans la cave d'une teinturerie. On y faisait des réunions et on y cachait du matériel.

Pour moi, je suis en contact avec mes camarades et nous faisons de la propagande antinazie et anti-pétainiste[16]. La répression dès 1940 commence à être très virulente aussi bien en France occupée qu'en France « libre ».

Ma vie devient très active ; je travaille à Bonneuil, plus les missions que me confie papa (port de tracts à ses collègues) et aussi avec mes contacts avec Jacques Deshaie, qui est aussi clandestin. Il faut faire circuler les informations. Pour contrer les mensonges nazis et pétainistes, recruter de nouveaux camarades, et collecter des armes, si possible. Je vais aussi souvent à l'*imprimerie* ; une petite machine que nous avons *trouvée* en bas d'Ivry dans une cave anonyme et transportée pièce par pièce à vélo dans une remorque.

Il fallait diffuser des tracts, alors un jour, on m'a dit qu'il y avait, dans une cave rue Saint-Just (rue Denis Papin à l'époque), une machine pour imprimer des tracts. Une petite machine, pas une grosse imprimerie, et qu'il faudrait la monter rue Port Arthur (actuelle rue Hoche). L'adresse était chez un contact de mon

---

[16] Après-guerre, un livre a été écrit et publié, son titre : *Tous pétainistes*. Je m'inscris en faux contre : pas de pétainiste parmi la famille, les amis. Je n'ai pas connu de pétainiste.

père, un collègue du dépôt d'autobus d'Ivry. On a décidé de faire trois voyages parce qu'avec une remorque de vélo, c'était lourd. Il y en avait un qui pédalait et l'autre qui poussait. La difficulté, c'est qu'il fallait monter du bas d'Ivry vers le haut, sans passer par la rue Raspail où il y avait le commissariat, et sans passer par le Fort où il y avait les Allemands. Il fallait monter la rue Parmentier, qui était en sens interdit, puis la rue de Paris, et revenir en arrière par la rue Port Arthur. Ça faisait du chemin. Donc, on y est arrivé après trois voyages.

L'imprimerie est située chez Benoist[17] rue port Arthur et nous y rencontrons des copains qui apportent du papier, de l'encre et emmènent des tracts et des affiches pour inciter la population à résister ou au moins désobéir aux ordres de l'occupant ou de l'État « français » de Laval et Pétain.

C'était un certain Jean Compagnon qui s'occupait de ça, et après, c'est Raymonde Harrari (c'est-à-dire Raymonde Raynal) qui rédigeait les tracts et travaillait avec les copains à l'imprimerie, là-bas. Jean Compagnon, lui, a été fusillé en aout 1942, en même temps que mon père.

Le 14 juillet 1941, on a fait une manifestation sur la place de la mairie. Binot a pris la parole et on a distribué quelques tracts. Et alors, j'ai été repéré. Binot a

---

[17] Un collègue de papa

été arrêté. Quand je suis rentré chez moi, ils m'ont arrêté, mais je n'avais plus de tracts.

C'était un peu osé de faire cette manifestation, mais à cette époque, les jeunes ont manifesté. Et après tout, ça manifestait à Paris...

Donc j'ai été arrêté dans la rue, mais je n'avais rien sur moi ; ils n'avaient aucune preuve contre moi. Ils ont fait une enquête de voisinage. Pas de chance pour eux, j'avais bonne réputation dans mon quartier. Il n'y avait aucune preuve de quoi que ce soit, et j'ai quand même été libéré au bout de trois jours. J'y ai juste laissé mon nez cassé.

Binot lui, était pris en flagrant délit de prise de parole. Il y est resté. Quand on l'a interrogé sur moi, il a dit « il est venu me dire bonjour parce que c'est un gamin de la colonie, c'est tout. Et vous l'arrêtez ! ». Binot conduisait l'ambulance et l'autocar à la colonie des Mathes. Alors, il a soutenu ça, et j'ai été libéré au bout de trois jours.

J'ai continué, évidemment. On avait des réunions et je faisais des commissions pour Jacques qui était clandestin, et ses parents, avant qu'ils soient arrêtés. Pour ne pas se faire repérer, je rentrais dans son HLM en me promenant en amoureux avec la fille Plu, fille d'un conseiller municipal. Comme ça, on pouvait lui procurer un peu de linge sans se faire repérer. On avait nos contacts, nos combines...

Nous avons aussi quelques armes légères cachées dans la cave d'une teinturerie rue Parmentier, tenue par une tante de Jacques Deshaie.

Déjà, on s'est battu au début, on s'est battu sans armes contre des gens armés : c'est un travail de propagande, de recherche d'adhérents, de recherche d'armes, parce qu'on en avait caché chez la blanchisseuse. On avait deux révolvers. Ce n'était pas avec ça qu'on pouvait attaquer des chars d'assaut. La résistance a commencé à s'armer en 1943. Nous, on faisait partie des gens qui luttaient sans armes. On n'était pas des héros : on ne s'est pas fait photographier sur une barricade avec un fusil, on n'avait pas de barricades. Nous, on devait se battre contre des gens armés, contre des gens qui font tout pour vous tuer. On se battait à mains nues.

Maman est inquiète, mais s'efforce de le cacher. Mes frères et sœurs sont revenus de la campagne et la vie monotone et triste continue dans l'attente de jours meilleurs. Il y a bien le marché noir pour se nourrir, mais pas pour les bourses plates, donc pour nous, le ravitaillement c'est la demi-famine.

Arrestation

Puis, arrive le 30 avril 1942, au cours d'une mission de distribution de tracts, après le couvre-feu, nous sommes arrêtés en flagrant délit.

C'est l'interrogatoire musclé, ensuite la prison (dépôt le 7 mai, ex-conciergerie), ensuite, muté à la prison de la Santé où je passai quelques jours (9 mai - 9 septembre), puis à la prison de Fresnes à l'étage des mineurs.

Heureusement, je me retrouvais dans la même cellule que quatre camarades. Nous nous entendîmes très bien pendant les quelques mois que nous y passâmes. Parmi nous, deux camarades juifs. Cela me permit de connaitre le problème et les douleurs des juifs des différents pays et notamment en Allemagne et aussi d'apprendre que les dirigeants français livraient des familles juives entières aux bourreaux nazis. Auparavant, le problème des misères des juifs ne m'effleurait pas, car au 173 nous étions dans un quartier où Italiens, réfugiés espagnols, juifs et même arméniens vivaient dans une atmosphère amicale et fraternelle. Un de nos meilleurs copains était Robert. Il était surnommé «ptitpote » tellement il était gentil et serviable.

Il fut ensuite, face aux nazis, l'un de ces nombreux héros qui s'ignoraient. Il fut fusillé. Quand je pense à lui, c'est avec peine et grand respect.

Dans une cellule, enfermés à cinq, on échange beaucoup d'idées. Mon apprentissage d'homme responsable avançait à grands pas. Nous avions la conviction d'un avenir heureux.

Bien. Mon procès se précisait ; j'avais un jeune avocat commis d'office qui ne servait à rien, d'autant que je ne l'aidais pas. Je n'avais pas confiance en lui, car il était nommé par Vichy.

J'ai été condamné le 17 juillet par le tribunal français qui siégeait à Paris : le tribunal spécial. J'ai été condamné à la maison de correction, ou plutôt, confié à une maison de redressement, à La Motte Beuvron.

À mon arrivée, je fus mis à la section Accacia. Alors là, à la maison de correction, je me suis rendu compte, quand même, qu'il y avait des choses bizarres. Parce que quand je suis arrivé là-bas, j'ai été dans le bâtiment, où pour dormir, on était dans des cages. Il y avait un grand dortoir à l'intérieur duquel il y avait des petites chambres individuelles en fer. En ferraille ! Avec un grillage épais devant. On était dans des cages verrouillées la nuit.

J'appelais ça des clapiers. C'était le bâtiment qui servait normalement pour les jeunes criminels. C'était grave.

Par contre, le surveillant M. Chebeau était assez sympathique. Et sans qu'il en parlât, je sentais qu'il n'approuvait pas du tout l'incarcération de jeunes résistants.

J'avais des camarades résistants dans d'autres *sections*. Ils étaient en chambrées sans cage, mais bien surveillés quand même. Nos journées étaient occupées en ateliers d'apprentissage accéléré, évidemment à l'intérieur du territoire de la *maison d'éducation surveillée*, sous la garde de *gaffes*[18]. Par rapport à ce que je vécus par la suite, ce n'était pas très dur.

---

[18] Gardiens plus ou moins sympathiques

Au bout de six mois d'ailleurs, j'en suis parti de ce bâtiment parce que les évènements se sont enchaînés : mon père a été arrêté[19], mon frère a été arrêté, au mois de juin, pour des affaires différentes. Au moment où il y a eu les grandes rafles pour Drancy, on était déjà tous en prison.

Extrait de la vidéo « Mémoire d'un déporté » lorsqu'il évoqua la mort de son père (vidéo réalisée en 2009 par la Ville d'Ivry).

Il y en a qui se sont permis d'écrire « Tous pétainistes[20] » ! J'étais dans un endroit où les pétainistes ça n'existait pas. À l'extérieur, le gouvernement de Pétain, c'était le gouvernement ennemi, c'était aussi le gouvernement qui avait aboli la république. Il avait aboli la troisième république, pour faire l'État français ! Et les évènements se sont enchaînés : il y a eu le Vel d'Hiv, Drancy, etc.

---

[19] Arrestation le 24 juin 1942 par la police française, « remis » aux Allemands le 17 juillet et fusillé le 11 août 1942 au Mont Valérien

[20] [Référence à Henri Amouroux qui écrit en 1977 « quarante millions de pétainistes ». Henri Amouroux, pendant la période concernée, écrivait dans le journal "La petite Gironde", journal collaborationniste et témoignera à décharge du régime vichyste et en faveur de Papon lors de son procès en 1997].

Vers le mois d'octobre, ma mère a eu un droit d'une visite pour venir me voir. Elle est venue pour m'apprendre la mort de mon père et l'incarcération de mon frère, Jean.

Alors vous voyez, quand j'ai appris la mort de mon père, le soir, pour me coucher dans ma cage, le moral était... Le moral et la colère... Je fus attristé et furieux. La haine me pénétra et je résolus d'essayer de venger papa.

C'est à ce moment-là que j'ai décidé de ne pas rester en maison de correction. J'ai décidé de m'évader.

J'étais aussi fort préoccupé par la misère dont ma mère et mes frères et sœurs étaient sans doute à Ivry. Cela agit fort sur mes pensées et ma décision future.

En maison de correction, j'étais calme, alors ils ont décidé que je n'étais pas si dangereux que ça.

Par bonheur, mon séjour à la section *Acacia* se termina et je fus muté à la section *excellence* (!!!) où nous passions nos nuits en chambrées, bien sûr sous bonne garde à l'intérieur plus, bien sûr, la garde à l'extérieur.

En observant les lieux et en étudiant les moments où une évasion serait plus facile, nous avions convenu, avec Paul, de nous évader le soir avant le coucher. Il fallait aussi prévoir le ravitaillement pour nos premiers jours d'évasion. En attendant de rejoindre qui nous connaissions bien dans les planques de la région parisienne.

Vers l'atelier où je travaillais, j'avais repéré une échelle non cadenassée pas loin d'un mur d'enceinte. Nous convenons de partir un soir, au moment du regroupement dans la cour pour monter dans le dortoir (où nous étions comptés juste avant l'entrée). Nous arrêtâmes donc la date de départ un jour de mars 1943 (le 10 mars) et préparâmes clandestinement ce dont nous avions besoin pendant les premiers jours de cavale. Nous avions des camarades résistants qui avaient préparé du ravitaillement.

Le soir prévu, tout se passa bien ; nous partîmes bien chaudement habillés (vêtements en partie planqués), sans encombre. Nos camarades avaient prévu d'occuper les *gaffes* pour tromper leur surveillance. On a pris l'échelle, on l'a dressé sur le mur de quatre mètres et une fois en haut, on l'a basculée de l'autre côté. Et on est partis comme ça.

Cavale

Mon idée, c'était de rejoindre les copains ; pas de rentrer à la maison. J'avais plusieurs endroits où aller : à Massy, chez des contacts de mon père, à Vitry ou rejoindre Jacques à Choisy. À Ivry, il y avait aussi la tante de Jacques à la blanchisserie. Donc, nous voilà décidés, parce qu'on n'avait pas de contact vers le sud, mais c'était une erreur de partir vers le nord.

Nous nous retrouvâmes Paul et moi à travers la campagne broussailleuse à souhait et marécageuse. La Sologne nous offrait des caches faciles et des chemins assez en dehors des habitations pour cheminer direction nord. Le jour, nous nous reposions en nous cachant facilement. Au bout de deux jours (ou trois ?) nous nous retrouvâmes près du pont passant la Loire à Orléans.

Cachés dans les buissons à proximité, nous observons les sentinelles qui contrôlent les papiers ; le pont est dans l'obscurité sauf au contrôle par les soldats. Ils n'ont pas l'air très jeunes, ni arrogants ; sans doute des réservistes.

On a observé qu'ils avaient le fusil à l'épaule. Les gens passaient, ils montraient leurs papiers et les sentinelles gardaient leur fusil à l'épaule. C'était un petit détail ça : ils n'avaient pas de mitraillettes.

Après observation et discussions entre Paul et moi, nous prenons la décision de traverser.

Nous sortons de notre cachette et marchons sur la route en direction du pont à quelques dizaines de mètres. Nous devisons à haute voix, comme si nous avions l'habitude de passer et d'être contrôlés. En arrivant dans la zone éclairée, nous arrivons devant les deux sentinelles. Fusils à l'épaule, elles nous demandent notre permis de passer. Nous mettons tranquillement la main à la poche… soudain, nous renversons les sentinelles en les attaquant brusquement. Elles tombent un peu assommées en laissant leur fusil choir. Puis nous fonçons dans le noir, côté nord. Les sentinelles surprises mettent quelques secondes à se remettre et reprendre leurs armes. Nous sommes déjà assez loin quand claquent les coups de feu. Mais les tireurs un peu secoués et sans la lumière tirent dans le noir un peu à l'aveuglette. Car pour eux nous sommes invisibles. Bien que tirant dans notre direction, ils risquent de nous toucher. Nous sommes essoufflés quand le tir s'arrête… mais nous avons réussi à passer. Nous filons vite dans les rues d'Orléans, direction nord, que nous arrivons à traverser sans encombre. Et nous nous dirigeons vers Saran, direction Paris.

Je pense que notre algarade a dû faire du bruit chez nos occupants et qu'une alerte a été donnée, car de simples fugitifs (je l'ai appris après) nous sommes devenus des *terroristes* qui n'ont pas peur d'attaquer des soldats allemands[21] en armes.

Nous avons donc à nouveau cheminé en pleine campagne, de nuit, vers le nord. Seulement, nous n'avions plus la couverture des forêts et chemins de Sologne ; nous étions en rase campagne. Donc, à découvert, même de nuit, nous étions visibles de loin... Mais nous n'avions pas le choix, d'autant plus que les chiens des fermes aboyaient dès qu'ils nous voyaient même à plus d'un kilomètre... Cela est arrivé plusieurs fois, même quand nous étions loin d'habitations ou de granges. Nous cherchions à rejoindre des petites routes ou sentiers, mais dans cette région plate, ils étaient rares et les seuls arbres qu'il y avait étaient ceux qui bordaient la nationale 20 ou quelques petits bosquets autour d'une ferme.

Par prudence, nous avons décidé de marcher l'un derrière l'autre avec au moins dix mètres entre nous, voire plus, quand c'était possible. Bien sûr, nous cheminions dans les fossés ou les

---

[21] J'écris "allemand" car ce devait être des soldats de *réserve* assez vieux.

bas-côtés de la route et nous nous cachions dès qu'un rare véhicule passait par la route.

Prison militaire d'Orléans

Tout à coup, dans le noir, je bute contre un homme quasiment invisible. Je sens un objet dur contre ma poitrine ; je suis tombé dans une embuscade d'une patrouille allemande. Je crie comme si j'avais très peur. Heureusement, Paul qui suivait a entendu et vu les soldats éclairant la scène et braillant après moi en me secouant durement.

Interrogatoire sur mon identité, d'où je venais. Que dire d'autre que la vérité ; d'autant qu'ils n'ont pas soupçonné que nous étions deux. Heureusement pour moi, cette patrouille, ce n'étaient pas des ᛋᛋ.

C'étaient les soldats de la Wehrmacht. C'est à signaler parce que moi, c'est sûr, je fais la différence entre la Wehrmacht et les ᛋᛋ.

J'ai donc été arrêté tout seul. Je fus emmené le 12 mars vers Orléans et incarcéré à la prison militaire. J'ai été enfermé dans une cellule. C'était vraiment une cellule nue : éclairage par un vasistas avec barreaux situés à au moins 2,50m de haut, un bat-flanc avec une couverture. Pas de meuble, pas de robinet, pas de water-closet.

Et puis sur la porte, il y avait une petite affichette écrite en français « AVIS » et puis en allemand « Bekanntmachung » (ça veut dire avis en allemand).

On m'informait gentiment que j'étais interné comme otage et qu'en cas d'attentat dans la région par des « terroristes » j'étais susceptible d'être fusillé... Ça faisait plaisir ; c'était bon pour le moral !

Pour la toilette, le matin, on m'amenait un seau mi-rempli d'eau et on me fit comprendre que ce même seau servirait pour les besoins que notre corps nous impose.

Un gardien (soldat) venait prendre le seau vers 10h (je suppose) et le ramenait à demi rempli d'eau quelques minutes plus tard. Je compris qu'il me fallait organiser mon *hygiène* totale avec ce seau changé deux fois par jour. Quant aux objets de toilette, ils se réduisaient à… rien.

Pour la nourriture, disons que j'avais à manger à ma faim ; c'était mangeable et je n'ai pas souffert de la faim pendant mon séjour. Quant à la soif, le demi-seau y pourvoyait… C'était une question d'organisation.

Quant à l'emploi du temps... Rien à part l'heure (à peu près) fixée par l'heure de la gamelle et aussi par les clairons qui sonnaient quatre fois par jour.

Et aussi à l'aube, il est arrivé trois fois que des portes de cellules voisines claquent et que des hommes soient tirés de leur cellule. Soit criant, hurlant ou pleurant. Ce témoignage est seulement auditif et m'a été rapporté par des détenus que j'ai connus ensuite, car on m'a mis en dortoir commun trois ou quatre jours avant mon départ pour Compiègne.

Je dois dire que dans cette prison, je n'ai pas souffert. Je pourrais dire les allemands, provisoirement, c'étaient des soldats de la Wehrmacht et ils n'étaient pas virulents. J'ai vu leur chef. C'était un vieux briscard.

Excuses !!! J'écris très mal et je fais plein de fautes d'orthographe. J'écris trop vite...

Peut-être est-ce pour me débarrasser au plus vite des souvenirs qui remontent à ma mémoire au fur et à mesure que j'écris...

Donc, me voici en cellule commune avec des camarades résistants. Il n'y a pas de détenus délinquants[22] avec nous. Mon séjour ici ne va pas durer et au moins grâce à la solidarité de mes nouveaux camarades, je peux enfin faire une vraie toilette (savon à la demande) et aussi, je reçois du linge propre offert gentiment. J'ai aussi droit à la *promenade* d'une heure par jour dans la cour de la prison avec mes codétenus.

Et puis les jours suivants, j'ai eu des contacts avec eux. J'étais bien par rapport à ma cellule d'avant. Et je n'étais plus otage, en principe.

Au matin du cinquième jour, je fus appelé et prié de venir avec mes affaires (c'est vite fait ; je n'en avais pas !). Dans le regard de mes camarades codétenus, je lis une grande pitié ; certainement, ils pensent que c'est un départ sans retour. Quant à moi, je pense que c'est la fin. Quoi que je sois étonné d'avoir été mis en cellule commune avant la décision des nazis et d'autre part de m'avoir demandé de prendre mes affaires. J'ai donc vécu un de ces moments, hors la peur, dont on se souvient toute sa survie[23] !

Encadré par deux feldgendarmes, je sors de la prison. Je suis emmené en voiture (bien encadré et menotté) jusqu'à la gare d'Orléans. Nous

---

[22] De droit commun

[23] J'écris toujours aussi mal.

montons tous trois dans un wagon de première classe où un compartiment était réservé ! Je me retrouve donc assis, mes deux sbires n'avaient pas l'air méchant et le train part pour... Paris-Austerlitz.

Puis je suis conduit dans une voiture ; changement d'accompagnateurs, via la gare du Nord, je pars, toujours en wagon de première classe, et je pense tout de suite (réputation du camp oblige) à la destination de Compiègne. Je ne demande rien à mes *accompagnateurs* de voyage, car ils ne sont pas loquaces avec moi !

Compiègne

Je suis ensuite transféré le 1er mai au camp de Compiègne-Royallieu : Frontstalag 122.

Arrivé en soirée à Compiègne, puis direction le camp où je suis conduit dans une baraque peuplée de nombreux détenus.

Dès mon arrivée dans la baraque, des *individus* viennent m'interroger. Ce sont des détenus.

Il y en a qui commencent à me parler. Ils me disent : « On te connaît, on sait qui tu es : tu es le frère de Jean et puis tu viens d'Orléans. Tu t'es évadé et tu viens d'Orléans. » Ils savaient qui j'étais. Ils savaient que j'étais Ivryen. Ils étaient renseignés sur moi. Je me méfiais d'eux : encore des moutons qui sont là. Et puis j'ai vu, au contact des autres, que ces gens qui m'avaient interrogé étaient copains avec les autres. Ils m'ont dit : « Non, ça c'est des copains. C'est des bouteillons ». C'est radio-bouteillons : c'était l'organisation interne des camps qui prenait des nouvelles partout, qui se renseignait sur tout. Alors évidemment, ceux qui étaient dans les bureaux — parce qu'il y avait des détenus qui travaillaient dans les bureaux — eux passaient les renseignements et eux, ils savaient qui j'étais. Ils savaient que mon père avait été fusillé, que j'étais le frère de Jean.

Ils m'ont l'air sympathique, mais je réponds avec réticence. Puis l'un d'eux me dit : « tu es comme ton frère Jean, méfiant, et tu as raison.

Mais nous savons qui tu es et nous t'accueillons amicalement ; viens ! »

Un châlit accueillant *m'attendait* et aussi une bonne soupe avec pain. Donc la conversation s'engage avec eux et je suis étonné des renseignements qu'ils ont sur moi. Ils m'expliquent que c'est *radio bouteillon* et que l'information clandestine à l'intérieur est importante pour le moral.

Dès le lendemain matin, je fais meilleure connaissance et je constate qu'ils ont connu Jean en prison à Paris et que la façon dont ils en parlent correspond à sa personnalité et son caractère. J'apprends aussi qu'un départ pour l'Allemagne est imminent et qu'ils seraient satisfaits que je fasse partie de leur groupe si ça me convenait. J'ai donné mon accord de principe, mais que je confirmerais d'ici quelques jours, car cela demandait, selon moi, réflexion.

J'ai compris très rapidement que ces camarades (je peux les appeler ainsi) ont l'air très organisés et font bonne impression auprès d'autres détenus que je contacte. Donc, très rapidement, je donne mon accord entier et je fais partie du groupe.

À propos du camp de Compiègne

C'était un camp de concentration, comme en France, comme le camp de Voves, comme pour les Juifs Drancy, c'était un camp de concentration, et, pareil, avec des blocs et tout, sauf qu'à Compiègne, on ne travaillait pas à part des corvées, mais c'était vraiment un camp de concentration, et disons qu'à Compiègne la ration était un petit peu faible, mais c'était un camp de concentration et un camp de départ.

Il y en a qui sont restés à Compiègne et il y en a beaucoup qui sont partis vers les camps. Il y a eu plusieurs transports. C'était un camp de concentration avec des barbelés et un camp gardé par des soldats allemands. Ce n'étaient pas des ⚡⚡.

On savait que Compiègne était un camp de transit vers l'Allemagne, oui, on était renseignés. Justement l'organisation des renseignements, on se renseignait pour avoir des nouvelles d'un tel, etc.

Même mon frère Jean qui s'était évadé du camp de Voves, ils se sont évadés quand même à plusieurs dizaines, il fallait qu'ils aient des accointances quelque part. Parce que quand on pense que pour faire un tunnel — il parait qu'il était assez long leur tunnel —, la terre qui s'évacue. J'ai lu souvent qu'ils la cachaient sous le plancher, mais ça aurait été trop connu, il fallait que la terre soit éparpillée un peu partout et que ça ne se voit pas, c'est un détail, si on fait un souterrain, si on ne le tient pas si on le laisse comme ça on risque de le voir s'écrouler. Alors il faut quand même des accointances, même à l'extérieur.

Mais quand on est partis pour l'Allemagne, on savait qu'on partait pour l'Allemagne, mais on ne savait pas où nous allions. Moi, je savais que je partais pour un camp. J'aurais pu savoir que je partais à Sachsenhausen. Moi, je savais dès le mois de juin 1937 qu'il y avait des camps en Allemagne. Quand on dit « on les a envoyés là-bas, on ne savait pas que ça existait ». Je vous le dis, vous pouvez vous renseigner, c'est le recueil qui est paru en 1936. Il y a un reportage sur le camp de Sachsenhausen et Dachau. Et vous verrez, les deux qui ont écrit ont été déportés après. Vous savez, quand une horreur commence, personne n'y croit à part ceux qui la vivent.

Déportation

NB. À partir de maintenant commence une partie très importante de ma vie, qui va me transformer malgré mon jeune âge — 18 ans. Je sens que je suis un homme qui doit lutter de toutes ses forces, avec mes camarades.

Un soir, fouille générale pour les partants désignés, puis regroupement dans un grand hangar (à l'intérieur du camp)... Le moral est bon malgré notre départ annoncé pour l'est. Même, quelques camarades auxquels je me mêle chantent, surtout des chants révolutionnaires et... pour la première fois un chant que je ne connais pas, doux et triste au début, puis tout à coup martelé, dur, presque un chant de mort... Enfin le dernier couplet comme un chant d'espérance et d'amour. Ce chant m'entre dans la tête et le cœur, il est tout de suite en moi ; je n'aurai même pas à l'apprendre. Mes camarades à qui je demande le nom de ce chant et qui m'en font l'historique : « C'est le *Chant des marais* ; chant international, hymne de tous les camps de la mort. »

Revenons à nos moutons (pas tant que ça) : tôt le matin, réveil en fanfare !!! Mis en rang par cinq, très encadrés par des soldats

LE CHANT DES MARAIS
(ou "Börgermoorlied", ou "Die Moorsoldaten")

Loin dans l'infini s'étendent
De grands prés marécageux
Pas un seul oiseau ne chante
Sur les arbres secs et creux

*<u>**Refrain :**</u>*
Oh! Terre de détresse
Où nous devons sans cesse
Piocher.piocher

Dans ce camp morne et sauvage
Entouré d'un mur de fer
Il nous semble vivre en cage
Au milieu d'un grand désert.

Refrain :

Bruit des pas et bruit des armes
Sentinelles jours et nuits
Et du sang, des cris, des larmes
La mort pour celui qui fuit.

Refrain :

Mais un jour dans notre vie
Le printemps refleurira
Liberté, Liberté chérie
Je dirai: Tu es à moi.

Oh! Terre enfin libre
Où nous pourrons revivre (bis)
Aimer - Aimer

allemands, direction la gare. *J'étais dans le groupe de camarades ; je suis resté avec eux.*

Puis montée dans les wagons (les divers documents depuis l'époque donnent une idée de ces montées dans les trains, car la plupart des détenus ne connaissent pas l'allemand — surtout crié — et il leur semble que ce sont des aboiements furieux).

Mais là, ce n'étaient plus des premières classes. Nous voilà enfermés dans les wagons, de marchandise bien sûr. Combien dans le wagon ? Une soixantaine ? J'ai oublié de faire le compte exact ! Il est vrai que nous avions d'autres choses à penser...

Après le démarrage du convoi[24], mes camarades m'ont mis au courant du projet d'évasion du groupe, en cours de voyage. Ils m'ont dit : « On a décidé que tu viendrais avec nous ». Donc j'avais été jugé digne de m'évader avec eux. Les outils (limes, petites scies à métaux) sont sortis de leur cachette et le travail d'ouverture du wagon est mis en route ; nous devons

---

[24] Selon les archives, il s'agit du convoi du 8 mai 1943, qui emmena 944 hommes vers Sachsenhausen, dans le cadre de l'opération *Meersshaum* visant à fournir les *Konzentrationlagger* en main d'œuvre forcée.

sauter au soir, dans une rampe connue de certains de nos camarades. Évidemment, nous savons que ça ne sera pas une réussite pour tous, mais le départ échelonné ne facilitera pas les recherches des nazis après l'évasion.

Tout se passe toujours bien et la journée défile. La porte est manœuvrable et nous attendons l'ordre de sauter…

Ils ont dit : « Quand on le dira, les premiers copains désignés, vous sauterez ». Mais il y a eu un copain qui était trop pressé et, à un moment donné, le train a beaucoup ralenti. Il a dû croire que c'était l'endroit.

Le train a encore ralenti et le camarade en profite pour sauter sans attendre… Le train freine… et s'arrête. Il roulait trop lentement et le soir n'était pas tombé.

La porte du wagon s'ouvre brusquement et des soldats munis de mitraillette nous invitent à descendre rapidement. L'évadé avait été repris, il avait le bras cassé. Balnotzer, je me souviens de son nom, c'était un copain.

Ils nous alignent sur le bas-côté de la voie, mitraillettes braquées sur nous. Puis ils demandent en allemand si quelqu'un parle leur langue. Un détenu se présente ; le silence se fait et un gradé prend la parole, traduit par notre traducteur. Le discours est bref : il dit que nous allons être fusillés dès qu'un ordre sera donné par le commandant du convoi. Mais le soldat envoyé prendre l'ordre revient, et nous comprenons que la fusillade est remise (le responsable du groupe de soldats est fou-furieux…). Il donne l'ordre d'une petite séance de montée-descentes rapides dans le wagon. Les coups pleuvent ; c'est ahurissant. Nos camarades les plus faibles et les plus vieux en prennent plein la tête. La folle fureur cesse enfin et nous montons définitivement. Nous sommes *priés* de n'occuper que la moitié de l'espace (à coup de crosses bien sûr). Nous voilà donc tassés, accroupis les uns contre les autres. Le gradé nous informe qu'où nous allons, nous regretterons de ne pas être morts ici !

Six gardiens armés se postent face à nous dans la moitié libre du wagon en laissant l'une des portes légèrement entrebâillée.

Le train repart. Interdit de se déplacer, de se coucher, nous devons rester immobiles sur place pour la suite du parcours. Par chance, je pus me retenir d'uriner et de… jusqu'à l'arrivée à Oranienburg deux jours après, tôt le matin. Il était temps ; l'odeur devenait presque intenable dans le wagon. Et nous n'avons eu aucun décès parmi nous.

Au cours des évènements qui se sont déroulés, j'ai vite compris qu'il me fallait rapidement apprendre à comprendre la langue (braillée) allemande…

Croquis d'André Hartmann

Puis enfin la gare ; on est arrivés à Oranienburg. Alors là, il y avait un détachement d'autres soldats, des ⚡⚡.

Là, c'étaient plus les mêmes ! Alors nous voilà descendus du train, gentiment… Comme ils savaient le faire, quoi ! À coup de crosse. Il fait encore nuit lors de notre rapide descente du wagon. Un rapide rassemblement se forme à la lueur glauque des rares lumières de la gare et puis, alignés avec tous les autres du train, l'acheminement à pied bien encadrés par les ⚡⚡ se fait en direction du camp. La gare était à trois kilomètres du camp. Nous arrivons à l'entrée du camp bien en rang ; nos ⚡⚡ y pourvoient.

Alors nous voilà accompagnés et puis on arrive à un grand bâtiment avec une grande porte. Nous passons l'entrée par le porche d'un bâtiment austère.

Nous pouvons lire sur la grille : Arbeit Macht Frei[25]!... et, on ne l'a su qu'après, il y avait marqué "le travail rend libre".

Nous voilà donc renseignés ; nous ne nous ennuierons pas dans l'oisiveté…

Nous tournons à droite à l'intérieur du camp le long des barbelés électrifiés.

Nous voilà alignés là, très tôt, il y avait de la brume, c'était le mois de mai, il ne faisait pas chaud. L'éclairage de gros phares balaie le tout dans un léger brouillard glauque et sinistre.

Archive du camp de Sachsenhausen

---

[25] 𝔄𝔯𝔟𝔢𝔦𝔱 𝔐𝔞𝔠𝔥𝔱 𝔉𝔯𝔢𝔦 ; « le travail rend libre » !!!

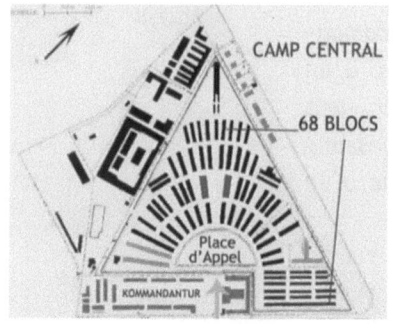

Cette place d'appel avait quelque chose de tout à fait spécial : elle était en demi-cercle. Il y avait le diamètre où était le bâtiment et la place était en demi-cercle. Nous sommes alignés le long du diamètre d'une grande place où se développent, sur l'arc, des baraquements, les blocks qui rayonnent tout autour. C'était le seul camp qui était comme ça ; c'est Himmler qui l'avait fait faire comme ça pour qu'il soit en forme de triangle avec ses soixante-huit blocks. C'était beaucoup. Et avec une cheminée qui donnait une drôle d'odeur. On a très rapidement appris ce que c'était. L'odeur du krématoire imprégnait nos narines à longueur de journée. On vivait avec.

Alignés là, nous entendons des ordres braillés dans toutes les allées le long des baraquements (blocks)... Et puis à un moment donné, on a entendu, venant des blocks, des bruits saccadés plof, plof, plof, plof...

Et de tous les blocks, convergeaient des colonnes en ordre. Impressionnant. Ils arrivaient par groupe d'environ trois cents détenus et venaient s'aligner sur la place. Ce ballet très réglé est très rapidement en place sous la vigilance d'hommes armés de matraques. Le brouillard s'épaissit un peu au-dessus de la place à cause de la respiration de ces vingt mille hommes (environ) réunis sur la place par ce matin très froid.

C'était hallucinant parce qu'ils apparaissaient dans la brume et leur respiration faisait de la buée, alors on voyait vraiment quelque chose de fantomatique d'une part et, d'autre part, on voyait ces gens qui arrivaient qui étaient alignés, mais bien rectilignes. Évidemment ça criait. Pour moi, qui ne connaissais pas du tout l'allemand à l'époque, je me suis rendu compte qu'il fallait que j'apprenne un peu l'allemand, surtout à le comprendre. Il y avait des ordres qui étaient aboyés ; pour nous, c'était comme des aboiements de chiens (pardon pour la langue allemande).

C'était l'appel. Et le tout était éclairé par trois phares. Il y avait un phare énorme, qui était un phare de DCA, qui balayait tout le camp et deux autres phares de part et d'autre. Et à tous les miradors, il y avait des phares qui éclairaient le camp.

On avait froid, on était fatigués et ce spectacle était assez hallucinant. Et il y avait cette odeur qui nous frappait, qui était plutôt bizarre. Et autour de nous, il y avait des détenus habillés avec une veste bleue. Ils avaient un triangle vert, le béret noir. Ils n'avaient pas la veste rayée. Ils virevoltaient autour de nous. Chaque fois que l'on parlait entre nous, les coups tombaient. Ils criaient toujours « ruhe, ruhe ». Nous, on était turbulents par rapport à ceux qui étaient dans le camp, parce qu'ils avaient été dressés.

Pour le moment, nous assistons à ce triste morne spectacle de l'*appellplatz* du matin. Quelques coups de schlague nous *aident* à nous tenir tranquilles, car nous remuons un peu trop selon notre garde-chiourme.

La tenue de tous ces hommes est rayée bleu et gris, avec sur la poitrine sur un morceau de tissu blanc un numéro peint en noir, et un triangle peint, rouge, noir, vert, rose selon la *qualité* du détenu. Une lettre est peinte sur le triangle ; elle indique la nationalité de l'*Häftling*[26]. Beaucoup sont maigres, voire très maigres ; d'autres plus ou moins. L'ancienneté dans le camp peut s'évaluer en partie par la maigreur du détenu.

Et puis se sont alignés donc, ces gens. Ils étaient alignés d'équerre par rapport au diamètre. Des ordres retentissent, le silence, à part le sourd bruit de la respiration des hommes, se fait. Tour à tour, un homme se détache de chaque groupe (block) et au garde à vous devant une tribune, où des ⁄⁄ se tiennent, crie des chiffres (je le suppose, car je ne comprends pas encore le braillé allemand), puis retourne vers son groupe, remplacé immédiatement par un suivant. C'était le numéro du bloc et le nombre de détenus.

Les groupes, après cette cérémonie, reçoivent des ordres : "mützen ab"[27], *garde-à-vous, repos*[28].

---

[26] Détenu

[27] Bérets bas

[28] En allemand dans le texte

Les bérets passent de la tête sur la couture du pantalon, avec un immense bruit sourd et rapide. Les détenus sont dans une immobilité impressionnante durant une vingtaine de secondes.

Et le Mütze devait claquer sur la cuisse. Quand vous avez vingt mille personnes qui claquent un béret sur la cuisse, ça fait un bruit, c'est impressionnant.

Puis vient l'ordre « *Ruhe* »[29]. Les bérets remontent tous du bout des bras, droit sur les têtes. C'est la fin du silence lugubre ; le léger bruissement des vêtements de chacun recrée une légère rumeur. Tout à coup claque un ordre du commandant du camp : « *Arbeits kommando eintreten* »[30]. L'alignement par block est très rapidement rompu ; chacun se rendant au rassemblement des différents Kommandos.

C'était hallucinant à voir. Les détenus se déplaçaient de l'alignement par block pour se rendre à l'emplacement prévu des *arbeits kommandos* parallèlement au diamètre de la place de rassemblement. C'était inouï, chacun se déplaçant rapidement sans bousculade comme dans un ballet. Bien triste ballet hélas. Très rapidement, chaque détenu fût à sa place Kommandos, bien aligné.

---

[29] Ruhe, prononcez RGU-E, silence

[30] Commandos de travail, rassemblement

Dans le camp, vous aviez vingt mille personnes alignées dans un sens et quelques secondes après, l'alignement est dans l'autre sens, sauf que les gens allaient chacun en un point différent et le tout se faisait comme si chacun connaissait son chemin sans tamponner qui que ce soit. C'était hallucinant à voir. Après, on a participé et on savait se déplacer de l'alignement de block à l'alignement de kommandos de travail. Après une séance comme ça, on s'est dit, « ils sont dressés les gars. Il y a pas d'histoire, ça marche au pas ! »

Ensuite, rapidement, nous entendîmes les ordres de départ des kommandos qui partaient au pas cadencé vers leur lieu de travail, dans le camp ou à l'extérieur.

Après ce spectacle où nous apprîmes très rapidement ce qui nous attendait. Nous fûmes alors amenés vers les douches. Déshabillage complet, rasage complet de la tête aux pieds !

On nous a fait dire : vous pouvez vous débarrasser de votre valise et tout. Il y en a qui ne voulaient pas quitter leur valise… Moi, je n'avais rien.

On me remit ma tenue de bagnard et un matricule. Je devins le 66562[31]. Nous avions sur la veste, un triangle rouge avec un F et notre matricule. La notion d'homme[32] n'existait plus et un *Häftling* ne peut être qu'un numéro.

---

[31] Prononcé en allemand

[32] Sauf pour le terme péjoratif *Untermench* (sous-homme)

Les triangles rouges, c'étaient les prisonniers politiques ; noir, religieux ou asociaux ; vert, les droits communs ; rose, les homosexuels et, bien sûr, les étoiles jaunes pour les juifs. Dès qu'on voyait un détenu, on savait de quelle nationalité il était et on savait pourquoi il était là, et son numéro.

Donc, on avait intérêt à connaitre notre numéro en allemand, parce que, à partir de ce moment-là, quand on était appelé, on n'était pas appelé par notre nom, on était un numéro. On était des häftlings (détenus). On était aussi des untermann, c'est-à-dire des sous-hommes. À partir de ce moment-là, on est partis avec nos vêtements rayés. Il y en a qui ont demandé leur valise ; ils ont eu droit à des coups de trique et sont partis avec leur vêtement rayé, les bras ballants.

Après épouillage complet au pétrole, nous fûmes réunis à l'extérieur, emmenés bien sûr en rang au block d'affectation, le 18. *C'était un block de quarantaine. On n'allait pas à l'appel.* Ce n'était que provisoire, car nous étions en *apprentissage*. Au cours des journées qui suivirent, nous avions moult exercices : rassemblement en rang sur cinq, avec bien sûr les garde-à-vous, *mützen auf, mützen ab*[33], demi-tour, marche au pas cadencé[34], etc. Le tout commandé par de *très bons professeurs* dont la matraque était l'outil majeur.

---

[33] Béret bas, béret sur la tête,

[34] Tous les ordres étaient commandés en *braillé allemand*

Pendant trois semaines, c'étaient des séances de dressage : appels, appel des noms, des numéros, des ordres, debout, assis, rentrer, revenir, etc. Le tout ponctué de coups de matraque. Il fallait qu'on soit aussi obéissants que les autres. Là déjà, au bout de trois semaines, je commençais à comprendre un peu d'allemand : les ordres. Je comprenais tous les ordres. Je les avais appris par cœur. On était dressés, alors ils nous ont répartis dans d'autres blocks.

À partir de 1943, le travail dans les camps, fût de fournir de la main d'œuvre esclave à vil prix, à l'industrie de guerre nazie, au bénéfice des grands marchands de canons, pour fournir l'armement nécessaire à la conduite de la guerre. Les nombreux kommandos de travail sont entre autres Henkel, KVA (menuiserie), DAV (mécanique) et Speer.

Des travaux harassants dans toutes sortes de conditions, chaleur, froid, famine, maladies (dysenterie, typhus, tuberculose), blessures au travail menaient beaucoup de détenus à la mort.

La hiérarchie de tout ce travail et de l'entretien du camp était fournie par des détenus triés sur le volet : prisonniers de droit commun, voleurs, assassins, truands et autres délinquants. Chaque responsable de cette hiérarchie, kapo, chefs de block, stubendienst, etc. avait tacitement droit de vie et de mort sur les subalternes et, bien sûr, sur les détenus souffrant sous leurs ordres. Et ils ne s'en privaient pas...

On devait être affectés à des kommandos. Pour être affecté à un kommando, on passait un interrogatoire où l'on nous demandait quel était notre métier et ce que l'on savait faire.

Alors les copains m'ont dit « Qu'est-ce que tu fais comme métier ?

— Moi, j'étais prêt à passer un examen d'ajusteur.

— Ah, surtout pas ! Tu ne dis pas ton métier.

— Bon d'accord. Je ne dirai pas mon métier, alors... »

Mes camarades m'avaient prévenus de ne pas donner de renseignement sur les métiers susceptibles de nous faire travailler pour l'armement de la Wehrmacht. Bien que j'eusse appris le métier d'ajusteur au cours de mon séjour à Lamothe-Beuvron[35] et j'étais assez adroit dans ce métier, je réfléchis donc. Du fait que j'aurais dû être en cours secondaire à l'époque où je fus arrêté, quand on m'a interrogé sur mon métier pour les kommandos, j'ai dit : « *schüler*[36] ». Ça a marché. Ça me valut au cours de mon séjour d'être intégré dans un kommando de travail de

---

[35] Maison de correction d'où je m'étais évadé

[36] Étudiant

très mauvaise réputation : Speer, à côté de Klinker situé à trois kilomètres du camp central (Speer était ministre de l'Industrie et de l'Armement et, parait-il, le meilleur ami de Hitler. *Un brave homme, d'ailleurs, il a été condamné comme criminel de guerre).*

Je me retrouvais donc affecté à ce Kommando avec des *spécialistes*[37] : beaucoup d'intellectuels, des instituteurs, des secrétaires de mairie, bureaucrates de tous genres, quelques musiciens et aussi reporters de divers journaux de gauche ainsi que des responsables syndicaux ou politiques bien sûr anti-pétainistes et anti-nazis. Des gens qui n'avaient pas un métier utile pour la production de guerre.

Malgré la dureté de ce Kommando, je n'ai pas regretté mon choix ; il m'a permis de ne pas travailler directement pour l'armée nazie et, d'autre part, j'y ai connu de bons camarades de toutes tendances de résistance, des gaullistes jusqu'aux communistes. Et puis mon travail me permit d'être un des maillons qui assurait clandestinement la liaison inter-Kommandos.

---

[37] Les spécialistes comme moi : toutes personnes impropres à l'industrie de guerre par leur métier, furent affectées à des travaux liés à leurs connaissances : pioche, pelle, wagonnets...

Bon, revenons au camp. Au bout de trois semaines, nous quittâmes le block 18 pour être répartis dans différents blocks.

Je fus affecté au block 46 ; majorité de Polonais, quelques ukrainiens ou russes et quelques rares déportés de l'Est. Et dans le demi block où j'étais affecté, un français : moi !

J'étais à une table juste face au *Blockältester*[38] et comme chef de table[39] un polonais nommé Warzoh[40].

Il m'a parlé en français. Je me suis dit, il y en a au moins un qui parle français. Mais je me réjouissais un peu trop vite. Il m'a dit : « tu seras là, tu mangeras là, tu iras à l'appel devant le block, après, tu iras à l'appellplatz au pas cadencé, etc. C'était l'apprentissage accéléré. J'avais été transformé d'homme normal en häftling, en détenu.

Il m'a mis au courant de ma situation, très rapidement et d'une façon détestable. De plus, il m'a indiqué que je recevrai de sa part les ordres en polonais.

---

[38] Chef de block

[39] En allemand dans le texte

[40] Warzoh, il parlait français mais il les détestait (le nom est faux ; je préfère ne pas divulguer le vrai nom des gens qui m'en voulaient, d'autant qu'il était quand même déporté)

Au bout de quelques jours, je me suis aperçu que la portion de pain que je recevais de mon chef de table était plus maigre que celle des autres. Il m'a dit « De quoi tu t'occupes ?

— *Mon pain, j'ai dit. Tu rationnes mon pain !*

— *Puisque c'est ça, à partir d'aujourd'hui, tu recevras les ordres en polonais.*

— *Ah, en polonais ? Moi, je viens de France et on est en Allemagne, donc tu me donneras des ordres soit en français, soit en allemand. Parce qu'on est en Allemagne, alors je refuse de t'obéir en polonais. »*

L'échange fut bref et le ton m'apprit tout de suite que j'avais là un ennemi qui me ferait sans doute souffrir.

Dès le début de mon séjour au block 46, il y eut une séance d'*Entlausen*. C'était la visite des poux ; visite périodique où, dénudés, nous étions *visités* par notre responsable de table. Quand je fus dénudé, il appela mes voisins de table et leur dit : « Venez voir une merde de juif français ». Je lui ai dit « imbécile, je ne suis pas juif ». Dépité devant l'aréopage (moqueur) qu'il avait appelé, il prit une règle, la schlague, et l'introduisit profondément dans le rectum et dit à l'entour en la sortant : « regardez le französiche Scheise[41] cochon de français ». L'auditoire ne fut pas du tout convaincu. Je me mis à rire en le traitant de c........ !

---

[41] *Scheis* : merdeux

La guerre était déclarée entre le français et le détestable[42] polonais anti-français (détenu de droit commun arrêté dans une rafle).

J'ai décidé de résister, mais j'étais perdant d'avance. Mon polonais, il avait été pris dans une rafle et il détestait les français. Remarquez, les polonais avait une raison de détester les français à l'époque, parce qu'ils n'avaient pas été aidés quand l'Allemagne les avait envahis. Mais sans se soucier si j'étais résistant, sans se soucier de mon âge, pour lui, j'étais responsable de ce qui s'était passé en Pologne et ça, c'était grave pour moi.

Bon, je quitte le block et je retourne au Kommando Speer. Tôt le matin, appel devant le block, premier comptage puis direction de la place d'appel au pas cadencé. Tous les blocks en font autant, ce qui provoque un bruit que j'ai pris, à mon arrivée au camp, pour des bruits de locomotive à vapeur.

Arrivé sur la place d'appel, alignement au garde-à-vous à l'emplacement habituel pour chaque effectif de block. Ensuite, commandements habituels (*mützen auf, mützen ab*, etc.).

---

[42] Heureusement, j'ai eu de nombreux et de sympathiques polonais et une majorité de ceux qui étaient présents n'ont pas approuvé son algarade.

Pendant le garde-à-vous, les *Blockältesters* vont l'un après l'autre annoncer l'effectif de leur block. Nous attendons au garde-à-vous. Les *Blockältesters* retournent à leur emplacement du rassemblement de leur block...

Le comptage des détenus est rapide le matin... et plus long le soir !

À nouveau garde-à-vous et commandement à partir du bureau des ⚡⚡ près de l'entrée des camps. « *Arbeits Kommando eintreten !* ».

Après quelques minutes, tous les kommandos sont rassemblés ; comptage et compte rendu des effectifs au bureau ⚡⚡ par les *Kommandos ältester*.

Rapidement terminé... Départ sur commande des différents Kommandos vers les lieux de travail. Notre Kommando est à trois kilomètres du camp. Nous partons les derniers car nous étions les plus loin. Sous bonne garde et au pas cadencé.

En hiver, on ne travaillait pas avant qu'il fasse jour. On était réunis sur le côté gauche à l'entrée du camp en attendant qu'il fasse assez clair pour nous emmener. Il fallait attendre dans le froid, la neige, sous la pluie. On gelait l'hiver. Sur les doigts, j'ai toujours les cicatrices de gelures. On partait quand il faisait jour, dans l'odeur des crématoires parce que c'était à peine à cent mètres des crématoires. Il y avait au-dessus de nous la Himmelweg (la voie du ciel), la fumée... Alors on partait par cinq. Il fallait faire attention parce qu'on avait appris, entre copains : les plus faibles, il ne fallait pas les laisser sur les bords. Parce qu'à chaque fois que les SS — ou leurs sbires aux triangles verts[43] — avaient des coups de matraque à donner, c'était toujours sur les plus faibles que ça tombait.

Les trois kilomètres en rang par cinq sont rapidement franchis et nous arrivons au Kommando. Chaque détenu rejoint sa colonne de travail. Après le premier jour, prise en charge par le *vormann*[44] , appel de notre numéro (66562).

---

[43] Les triangles verts, prisonniers de droit commun, ceux qui avaient été condamnés pour crime, vol, etc...

[44] *Vormann* : chef homme (chef d'équipe). Au-dessus : le *Vorarbeiter* : le contremaître

Je fus affecté au kommando Speer à la Kolonne[45] fünf. C'était un kommando de récupération de matériaux volés : des câbles par exemple. Beaucoup de câbles : des câbles téléphoniques ou électriques de toutes grosseurs. Parce que dans les câbles, il y avait du cuivre, du plomb, du goudron, de la fibre... Alors ces câbles étaient découpés, hachés, démontés, le cuivre récupéré et le plomb était fondu sur place puis transporté en lingots. Tout ça pour l'industrie de guerre. Notre Vormann[46] n'était pas trop dur, mais le travail l'était. À la colonne cinq, on transportait, avec des wagonnets, le plomb, le cuivre qu'on avait récupéré et on approvisionnait les baraques. J'étais affecté à la fonderie de plomb. Il y avait douze baraquements de travail au camp Klinker et tout un réseau de rails pour les wagonnets pour approvisionner les différents camps.

Le Kommando faisait à peu près deux kilomètres-carré[47]. Toutes sortes de matériaux récupérables y étaient amenées par péniche ou par train. Il y avait une barge de débarquement sur le *Kanal* et le matériel passait *schnel ! Schnel*[48] ! Sur les lorrys. Sauf le matériel très

---

[45] Colonne avec un "K" ! Non ce n'est pas une faute. Là-bas, le "c" disparaissait. Par exemple : Kamarad, Kommando, Kanal, Kommandantur…

[46] Contremaître

[47] Sauf erreur

[48] Vite ! Vite !

lourd déchargé par grue et manutentionné souvent à la main ensuite. Tout ce matériel était ensuite transporté dans des baraques spécialisées pour récupérer les métaux et toutes sortes de matériaux comme le caoutchouc, le bois, les plastiques après triage. Tout cela repartait par péniches chargées souvent à la main (je me souviens surtout de la pénibilité du chargement de lingots de plomb) et toujours *Schnel ! Schnel !* Tout partait pour l'industrie de guerre, surtout les métaux ; le plomb et le cuivre qui étaient récupérés sur les câbles volés dans les pays occupés...

Au kommando, j'étais attelé aux wagonnets. J'y voyais beaucoup de choses. Entre autres, le travail dans une baraque où, hormis les détenus qui y pourrissaient, personne n'entrait. Sauf bien sûr les détenus qui approvisionnaient les marchandises et repartaient avec les matériaux récupérés. Car il s'agissait de récupérer les piles et accus, c'est-à-dire le métal, le graphite et aussi l'acide. Ces pauvres camarades du camp de Kostin étaient noirs, la peau comme cirée, les mains rongées par l'acide. Je n'ai jamais vu un survivant parmi ces pauvres camarades.

Pour tous ces travaux, les plus forts s'efforçaient d'aider les plus fragiles. Ce n'était pas toujours avec l'accord des *vormanns* qui aimaient faire tourner les *goumis*[49]. Au fil des jours, les plus forts devenaient peu à peu faibles et il fallait les aider. Le personnel était donc renouvelé par de nouveaux arrivants de divers pays et les plus faibles disparaissaient. Par les *chemins du ciel*,[50] souvent.

Il y eut aussi la lutte dans la solidarité pour défendre les plus faibles et essayer de sauver le plus possible de ces camarades, aussi pour essayer d'informer en dehors de la propagande nazie, avoir des nouvelles de l'extérieur et des autres camps malgré une surveillance redoutable.

Le soir on rentrait au camp. Et nos trois kilomètres avec deux grosses briques, ou l'équivalent, sous les bras. C'était pour amener ça dans la cour de la caserne des ϟϟ parce qu'avec leurs camions et leurs chars sur un terrain sableux... Il fallait quelque chose de dur. Alors les morceaux de briques, c'est nous qui les transportions. Évidemment, on marchait fatigués et il n'était pas question de balancer les bras pour s'équilibrer. C'était une marche un peu spéciale. Et le soir quand on rentrait il y avait encore l'appel. Et il y a une

---

[49] Goumi : matraques fabriquées avec des sections de câbles de différents diamètres et dont les pires matraques étaient torsadées de fil de fer dont les embouts aigus provoquaient des blessures très douloureuses.

[50] Les chemins du ciel ; *Himmelweg,* nom de la fumée des *Krématoires*

chose, symptomatique : les appels du matin étaient très rapides, mais ceux du soir étaient souvent très longs... Parce que le soir, ils comptaient beaucoup moins bien que le matin ! Bizarre hein !

Après l'appel, on rentrait dans les baraques, on était ravitaillés et il n'y avait plus rien à faire. Le plus précieux, c'était d'aller se coucher. Normalement.

Évidemment, on dormait sur des châlits, là-bas. On

Archive du camp de Sachsenhausen

était deux ou trois, ça dépendait. On dormait tête bêche. Nos nuits étaient relativement courtes parce qu'on nous faisait lever de bonne heure pour l'appel. Le soir, on avait quand même mangé la soupe. Enfin la soupe... Et un morceau de pain, des fois avec un petit bout de margarine. Ce n'était pas de la margarine actuelle... Même des fois avec un petit peu de saucisse. On ne savait pas comment c'était fait, mais c'était notre dîner. La soupe, c'était une soupe de rutabaga, *léger, léger, léger. Alors on soupait et puis on avait, disons, quartier libre dans le camp le soir. Mais on ne pouvait tout de même pas aller d'un block à l'autre.*

Ainsi passaient les jours. Mais heureusement une grande camaraderie[51] pour lutter contre la dureté des *vormanns*, *vorarbeiters* et autres *blockältester*[52]. Il y avait aussi une organisation de sourde résistance et l'information nazie était démentie et contournée par des radios clandestines et souvent l'information venait de nos camarades du Kommando Heinkel. Ils étaient assez bien armés pour être à l'écoute des radios anglaises et soviétiques. D'autre part, la liaison était constante entre les divers Kommandos extérieurs et le grand camp, par des camarades qui, par le travail qu'ils avaient, pouvaient transmettre ces informations.

Dans ces camps, les résistants ont continué la lutte dans un nouveau combat contre la cruauté des ϟϟ.

Dans le revier (hôpital), il y avait quelques médecins français qui sauvaient de toutes leurs forces quelques vies humaines par leurs interventions. Le revier était l'antichambre de la mort : les médecins ϟϟ sévissaient surtout pour alimenter les chambres à gaz et les six crématoires. La lutte contre les médecins ϟϟ était excessivement dangereuse pour eux. À Sachsenhausen,

---

[51] Ça, ça mérite d'être écrit en français

[52] Chef de block

on avait la chance d'avoir un docteur français qui s'appelait Coudert, qui a fait un bon travail pour essayer de sauver des gens qui en avaient besoin. C'était un héros.

Avant de partir plus loin, il me faut revenir au block 18 où nous fûmes affectés pour une période *d'apprentissage*. Gymnastique de discipline, *strafsport*, surtout des tractions au sol en groupe. Tous ceux qui n'y arrivaient pas ou ne pouvaient en faire que quelques-unes étaient matraqués au sol jusqu'à ce que les derniers qui tenaient le coup un peu plus longtemps s'écroulent à leur tour. Ils étaient aussi matraqués au sol une dizaine de minutes puis l'ordre de rassemblement debout était donné dans le tournoiement des matraques. Puis le groupe était *éduqué* pour les appels : garde-à-vous, repos, bérets bas, repos, bérets hauts, marche au pas, le tout sous le tournoiement des matraques.

Enfin, il y avait aussi quelques temps de repos devant le block 18, face au block 17 qui était un block de "musulmanns".⁵³ Tout à coup quelqu'un vint me dire bonjour... C'était Roger⁵⁴.

Alors évidemment, comme il connaissait bien mon père, et même moi qu'il connaissait un peu parce qu'il m'avait vu en colonie, aussitôt le dialogue s'est engagé. Comment t'es arrivé là ? Etc.

Nous devînmes rapidement presque comme père et fils. Il était coiffeur (*friser* en allemand) et n'était heureusement pas *musulmann*. Quand je fus affecté au block 46, je venais souvent le voir le soir. J'avais les trois quarts du camp à traverser, mais c'était bon pour notre moral.

Cela ne m'empêchait pas d'avoir des relations au camp et au Kommando avec d'autres camarades et surtout, de participer, dans le domaine du possible, à la résistance contre les abus des ⚡⚡ et aussi à l'information clandestine que nous avions grâce à nos camarades de Heinkel qui gardaient le contact avec le grand camp.

---

⁵³ Les *musulmanns* (prononcez mousoulmanns) étaient les pauvres hommes amaigris au maximum par le travail de bagnards et quasiment squelettiques. Ils ne produisaient plus ; ils étaient dans les blocks 17 et 36 dans l'attente du krématorium. L'appellation de musulmans, car ils n'étaient généralement vêtus que d'une petite couverture de la tête aux pieds, nus. Humour nazi...

⁵⁴ Roger Buessard, un ami de mon père et mon directeur de colonie de vacances.

Dans mon block, je n'étais qu'avec des Polonais et des Ukrainiens, donc le dialogue n'était pas facile.

Quoique, au bout d'un an, je me débrouillais et j'ai pu parler l'allemand et je me suis aperçu que ce n'était pas le même allemand qu'on me parlait quand on avait été "éduqué". J'ai même appris des bribes de russe parce qu'il y avait des camarades russes ; des soldats russes qui travaillaient au kommando Speer. Ils étaient affectés à une corvée la plus désagréable qui soit : ils devaient vider les fosses des latrines dans un wagonnet et aller les évacuer dans une ancienne glaisière. Ils n'étaient pas avec nous dans le camp, ils n'avaient même pas le droit d'aller dans le camp. Ils étaient enfermés dans un petit camp à l'intérieur du camp. Ils étaient affectés à ces travaux-là exprès. J'ai donc appris à dire quelques mots en russe.

J'avais un copain Serguiev qui m'appelait Drouchka. Nos wagonnets se croisaient une fois les lingots pesés et on les évacuait au fond du dépôt, à l'intérieur du kommando. Et eux, quand je les croisais, ils volaient dans mon wagon les lingots déjà pesés et ils les mettaient dans leur wagonnet. Comme pour vider leur truc, ils étaient surveillés de loin, ils vidaient le wagonnet et évidemment le lingot partait avec... C'était un lingot de plomb en moins pour l'armement.

Ça me fait penser à ma cousine, quand je suis revenu en France, qui me disait, et l'a d'ailleurs écrit dans un article, que j'avais « les yeux peureux », parce qu'ils regardaient toujours en coin. Mais c'était ce qu'on appelait l'arbeitsaugen, le travail des yeux : comme on était surveillés, quand il se passait des choses comme ça, on avait intérêt à ce que la surveillance ne soit pas sur place. Alors on s'avertissait les uns les autres par des coups d'œil. S'il y avait de la surveillance, ça nous permettait de nous camoufler. C'est pour ça que ma cousine croyait que c'était de la peur.

Entre travail au kommando et retour au camp, le temps passait et on était informés des évènements.

L'information était donnée par les postes de radio clandestins fabriqués dans certains kommandos notamment Heinkel. Le contact interkommandos était tenu grâce à des camarades qui, dans leur travail, pouvaient avoir des contacts avec des camarades d'autres kommandos.

Moi, j'avais une mission. Le secrétaire général de la CGT avait son neveu au kommando Klinker Heinkel et la liaison passait par nous.

Par exemple, les contacts que j'avais me parvenaient du Kommando Heinkel, via la cuisine du grand camp où, au cours de ravitaillement de partages de bouteillons, je me portais volontaire pour établir le contact avec mon camarade Fredo, qui lui recevait des informations, d'ailleurs [55]!!!

L'information était transmise à un autre camarade, Gruss, qui travaillait à la cuisine et qui me disait : « Demain matin, André, tu es de corvée de café ! » Je savais ce que ça voulait dire. Les polonais devaient dire, « il est fou ! ». La corvée de café, il fallait se lever une

---

[55] Kommando Heinkel

demi-heure avant les autres pour aller chercher du café à la cantine.

Ensuite, je fournissais ces informations orales ou écrites à mon camarade Georges du Kommando Klinker qui était à trois kilomètres du camp et fournissait la main d'œuvre du Kommando Spier où je retrouvais Georges. Ce qui était relativement facile, car mon travail de ravitaillement de marchandise par lorrys me permettait d'avoir des contacts avec des camarades qui travaillaient dans les baraquements.

C'étaient des messages familiaux et puis d'autres messages sur les camps. Nous, dans notre kommando, on recevait des nouvelles. Parce qu'on n'avait pas de contact avec l'extérieur. Chez Heinkel, et dans les kommandos où il y avait de la mécanique et de l'électricité, ils avaient fabriqué des récepteurs radio qui permettaient d'avoir l'Angleterre ou l'URSS.

Dans le camp, j'avais évidemment des contacts avec des camarades de notre organisation.

Il y avait de la solidarité qui pouvait s'exercer de différentes façons. Deux fois, j'ai eu droit à la solidarité. La première fois, un soir, il y a un type qui me tape sur l'épaule. Je me retourne. Un triangle rouge, pas de lettre : un Allemand. Il me parle français, il me dit : « Bonjour André. C'est bien toi Hartmann. ». Alors je lui dis « oui ». Je me méfiais, il me dit : « Voilà, y'a ton ami Korsac qui veut ta mort.

— Pourquoi tu me dis ça toi ? je lui dis.

— Je me doutais que tu allais me dire ça, mais ton ami Korsac, il veut ta mort, il veut te tuer, il veut se venger sur un Français. Alors il va falloir arranger ça.»

Je me suis dit, « il est en train de me monter une cabane celui-là ». Alors, il me dit : « Tu verras demain soir. Sois là demain soir et tu verras Korsac, il va te foutre la paix après.

— Ah bon, j'ai dit. Tu me racontes des histoires et j'ai d'autres choses à faire que de t'écouter. »

Le lendemain soir, le chef de block a fait appeler mon chef de table, Korsac. Et le chef de block lui a passé une savonnade. Alors le Korsac, il est revenu à la table et il avait une tête... J'ai rien dit. Ça voulait dire que la solidarité... Il n'y avait pas de Français dans le block ; il n'y avait que des Polonais et des Ukrainiens. Or il y avait eu un rapport que Korsac voulait ma mort, donc ça avait été transmis par des Polonais ou des Ukrainiens. Alors Korsac, on lui a laissé un petit message quand même. On lui a seulement annoncé que si jamais je mourrais, il ne vivrait pas quarante-huit heures de plus. Et il s'est même expliqué : « Mais s'il meurt d'un coup de fusil ?

— S'il meurt de n'importe quoi, tu meurs quarante-huit heures après ! »

Là, c'était la solidarité pour protéger les camarades qui étaient un petit peu tourmentés par la hiérarchie des sbires, pas par les ϟϟ. Parce que les ϟϟ c'était plus dur. Mais il ne faut pas oublier que dans la hiérarchie, chaque grade avait quasiment le droit de mort sur la hiérarchie en dessous. Alors c'était très dangereux *pour les détenus d'être en butte ou quelque chose comme ça.*

Alors, on lui a dit de ne plus me couper mes tranches de pain pour m'enlever mon pain, de me mettre la quantité de soupe et que, d'autre part, s'il m'arrivait quelque chose, n'importe quoi, même si j'étais tué au kommando ou dans un bombardement... Alors avec ça, j'ai eu la paix. Une paix royale !

La seconde aide que j'ai reçue, c'est deux ou trois mois après. Un jour, il y a Gruss, toujours, qui me dit :
« André, demain soir, tu auras une soupe blanche.

— En quel honneur ?

— T'occupe pas ! Demain soir, tu auras une soupe blanche. Et tu auras une portion de pain blanc. »

Une soupe blanche, c'était une soupe de flocons d'avoine avec du lait écrémé.

« Voilà ce que tu vas faire : tu mangeras la soupe. Le pain blanc, tu le mettras dans un bout de chiffon et tu iras le porter à tel endroit. Quelqu'un te contactera et tu le lui donneras. »

J'avais presque tout le camp à traverser pour amener le pain là où je devais le porter. J'ai dit : « Je vais y arriver avec mon pain, là-bas ?

— T'occupe pas, tu y arriveras avec ton pain !

— Bon d'accord, j'ai dit.

— Et en échange, tu auras une portion de pain noir. »

Ça voulait dire que j'allais être accompagné. Je ne les ai jamais vus !

Après, il m'a expliqué : c'était Cherrier qui ne pouvait pas digérer le pain noir ; il avait un ulcère à l'estomac.

Alors la combine, c'était, avec la complicité de l'infirmerie, de me donner la soupe blanche et le pain blanc que je donnais à Cherrier, qui me donnait son pain noir. Ça, pendant un mois. Et le mois d'après, ça passait par un autre jeune. Ça permettait, pendant un mois, de mettre un peu le jeune au régime et de secourir Cherrier.

À partir de ce moment-là, le Korsac se disait, « Attention ! », parce que pour avoir une soupe blanche et du pain blanc, sans être à l'infirmerie, il fallait que je sois un proéminent. Un proéminent, c'était quelqu'un de bien vu dans la hiérarchie de l'intérieur du camp. Alors étant devenu un proéminent, après ça, j'ai eu une paix royale, même quand je suis revenu au pain noir : j'avais ma ration.

La solidarité, c'étaient aussi les copains qui amenaient des gamelles de soupe : ils n'étaient pas tous seuls. Ils étaient accompagnés pour aller voir les plus malades et leur donner quelque chose.

Donc la solidarité, c'était ça, et puis les nouvelles qui passaient d'un camp à l'autre. C'étaient des gens comme moi qui étaient utilisés pour... Suivant ce qu'il y avait à faire...

Alors on s'arrangeait... Vous savez, quand on fait la distribution des pains, une miette de pain, plus une miette de pain, plus une miette de pain... Ça arrivait à faire des portions. Et c'était le système ; la multiplication des pains, pour ravitailler les gens les plus faibles. Et même les cuillers de soupe pour ravitailler les gens les plus faibles.

Ça, c'était la solidarité !

Et même, parmi ceux qui recevaient parfois des colis, il y en a eu quelques-uns, c'était redistribué et partagé et pourtant on était famélique... Et je crois que ça a été très très fort pour notre moral.

Ce moral nous a permis de tenir quand même...

Pour le travail, comme on était dans le camp central, il y avait le travail de bureaux annexes, un petit peu comme dans les mairies... Donc, il pouvait y avoir des fuites et des passages de messages. Et aussi des renseignements sur les uns et les autres par rapport à l'organisation.

L'organisation était internationale, d'ailleurs, je l'ai bien vu quand Heinrich m'a contacté. On ne se connaissait pas, mais lui m'a contacté. On s'est connu et après, on se voyait tous les jours. Donc c'étaient des gens, Polonais ou Ukrainiens, j'en sais rien, jamais on m'a dit lesquels c'étaient, qui ont pu faire leur rapport de Korsac par rapport à moi. Et l'organisation française, c'était un camarade allemand qui était chargée de l'introduire. Mais lui, Heinrich, il l'a pas menacé lui-même, il lui a fait comprendre qu'il pouvait lui arriver quelque chose. C'est-à-dire que s'il m'était arrivé quelque chose, le Korsac serait mort. Pas par Heinrich, il serait mort par accident. Voilà l'organisation, c'était vraiment anonyme et international.

Il y a la résistance à la hiérarchie et aussi, au bout de quelque temps, la lutte pour prendre des postes à la hiérarchie des triangles verts, les droits communs. Peu à peu, on a eu des chefs de travail détenus politiques et même des responsables de bloc détenus politiques. Donc ça améliorait déjà notre vie. Ensuite, le but, c'était essayer de prévoir la fin... Mais l'emplacement du camp de Sachsenhausen ne permettait pas de faire ce qui a été fait à Buchenwald[56] ou ailleurs. Parce que c'était le camp central, c'était la résidence de M. Himmler.

Archive du camp de Sachsenhausen

---

[56] *À Buchenwald, la résistance interne au camp a permis aux prisonniers un soulèvement avec l'appui de l'armée américaine contactée par une radio clandestine du camp.*

Pendaisons

Bon, je reprends mes souvenirs tels qu'ils me reviennent. Surtout la nuit. J'en parle maintenant assez peu, car beaucoup d'oreilles n'aiment pas en entendre parler.

Le soir, lorsque nous nous rentrions au camp, il nous arrivait d'avoir à assister à de tristes spectacles. À plusieurs reprises, je ne saurais dire combien, vingt fois, trente ou quarante... des petites séances de pendaisons.

Je me souviens la première pendaison, ça m'avait beaucoup impressionné. C'était deux jeunes Russes, qui travaillaient à ce qu'on appelait le Canada.

Canada, c'était dans les camps, le kommando où étaient triés, dépiautés ou récupérés tout ce qui était volé aux détenus quand ils étaient déshabillés à l'entrée du camp : contenu de leur valise, vêtements, cheveux, poils et même les tatouages pour en faire des abat-jours. Ça s'appelait Canada, parce qu'ils pouvaient trouver des habits [et ils arrivaient à s'habiller plus chaudement que les autres].

Alors, ces deux pauvres Russes, ils avaient récupéré deux semelles de chaussures. Ils ont été pendus avec les semelles de chaussures accrochées à la potence. C'était la première fois que je voyais pendre ; ça m'avait beaucoup impressionné. Mais je voyais que parmi les anciens, la pendaison, ça les laissait indifférents.

Dans les kommandos, il y avait des gars qui mouraient, qu'on chargeait sur des remorques pour le crématoire. Mais là, pendre deux gars devant nous, c'était impressionnant. Au bout d'un certain temps où on a été habitués, on arrivait au camp, on était fatigués, on avait faim, la plupart du temps, on pensait plus à la gamelle qu'aux pauvres pendus.

Le pendu — souvent pour une faute vénielle ou même parfois quasiment rien — était pendu devant les détenus réunis au garde-à-vous par blocks. La pendaison commençait bien sûr par la lecture du *délit* commis par le supplicié puis, celui-ci recevait vingt-cinq, voire cinquante, coups de *schlague* sur le derrière, pour qu'il souffre un peu plus avant. C'était vraiment démoniaque. Le sadisme des ⚡⚡ adoraient ce prologue.

Ensuite, le supplicié recevait la corde au cou, montait sur l'échafaud pour la pendaison. Cela se faisait assez lentement pour permettre au supplicié de souffrir un peu plus longtemps avant la pendaison. Puis il était pendu haut et long !!! Il est arrivé une fois que la corde mal assurée se détache de la potence et que le pauvre supplicié tombe à terre... Et sans se presser, les bourreaux ont recommencé le spectacle : vingt-cinq coups de schlague, et ensuite pendaison. Le supplicié ne tenant plus debout, il fut hissé sur l'estrade et lentement, mais très surement, pendu... Il n'a pas survécu !

Figure 1 : "Kochmar du VQ"
(André Hartmann) ; aquarelle réalisée 65 ans plus tard !

Extermination

Au départ, on est partis à 1000 de Compiègne. Pourtant, on a été immatriculés à 800. Il en manquait donc 200.

Mais quand j'allais au café un matin, j'ai vu des gens qui avaient été groupés sur la gauche. Sur la gauche, il y avait le crématoire. Nous, on était rentrés par la droite, mais ces gens qui étaient là, à cinq heures, ils étaient là, sur le trottoir. Et ensuite, quand le jour s'est levé, les crématoires, ils fumaient dur et les gens avaient disparu. Ils n'ont pas été répertoriés au camp, ni rien du tout. Ils ne sont pas rentrés dans le camp. Ils sont passés directement derrière l'infirmerie en direction de la chambre à gaz... Parce qu'il y avait une chambre à gaz et une chambre de torture. Donc, ils sont allés directement sur les crématoires. C'étaient des juifs hongrois, et ça, je l'ai vu une fois. Il y a des fois les crématoires fumaient beaucoup.

Les grands camps, que ce soit Buchenwald, Auschwitz, Bergen Belsen, avaient des fours crématoires et c'était l'extermination pour les Juifs. Les Juifs hongrois ont été dirigés sur Sachsenhausen vers la fin, parce qu'ils n'arrivaient plus, dans les autres camps, à absorber tout. Alors, ils étaient brulés dans les endroits les plus près d'où ils étaient.

Moi, les camps d'extermination... Souvent quand on parle d'Auschwitz, et c'est une bonne raison de faire la commémoration à Auschwitz parce que c'était le coin où il y a eu le plus de gens exterminés, et particulièrement les Juifs du fait du lieu géographique, la Pologne, mais on parle beaucoup des gens qui étaient gazés à l'arrivée : les femmes, les enfants... C'est horreur. Il ne peut pas y avoir plus horrible. Mais les survivants, qui étaient souvent les maris ou les frères ainés, je ne leur ai pas demandé quelle était leur douleur. Je peux l'imaginer... Et après, ils n'étaient pas libérés. Après, ils allaient dans les kommandos de travail.

Or la survie au camp dans les kommandos de travail était en moyenne de six ou sept mois. Ces gens-là, devenaient donc des musulmanns, c'est-à-dire qu'ils mourraient par la faim et par le travail. Ils devenaient anorexiques. Ils devenaient anorexiques et inaptes au travail, alors évidemment, le crématoire marchait... Il marchait, mais il ne pouvait pas toujours tout absorber. Alors, ils étaient mis dans des blocks, dans des baraquements, et du fait qu'ils ne travaillaient plus, ils n'étaient plus habillés. Ils étaient revêtus d'une couverture. Vous auriez vu ces espèces de squelettes qui se promenaient, vivants, avec juste une couverture et une espèce de chapeau ! Ils les avaient surnommés les musulmanns. Ça amusait beaucoup les ⚡⚡ de voir des Juifs transformés en musulmanns. Donc, ils étaient en attente de crématoire.

Alors tous ces gens-là, dont beaucoup de Juifs, qui n'étaient pas brulés immédiatement, ont été brulés après, c'est-à-dire après cinq ou six mois de famine, pour finir au crématoire.

Je me souviens d'une réflexion qui avait été faite justement par le peloton qui commandait le train qui m'avait amené. Il avait dit au traducteur, on vous remet dans les wagons, mais il y en a qui regretteront de pas être mort ici. Ça voulait dire ce que ça voulait dire.

Mais même dans des camps comme Klinker, où il n'y avait pas de fours crématoires, les cadavres partaient sur des chariots et ils allaient directement au grand camp, au crématoire du grand camp.

Alors les crématoires, l'extermination directe... Cette domination de l'extermination ou pas, c'est une invention qui a été faite après. Il y a eu des inventions qui ont été faites après, que je n'approuve pas, d'ailleurs.

Il y avait l'extermination directe des gens qui étaient inaptes au travail : les enfants, les mamans avec leur bébé et aussi les femmes enceintes. C'est tout, et ça faisait beaucoup. Et pour ceux qui étaient aptes au travail, dont les Allemands avaient besoin, c'était l'extermination par le travail forcé. Vous savez, moi quand je suis revenu, il était temps : je faisais 38 kg alors que j'en pèse 80. D'ailleurs, j'ai entendu le docteur dire à ma mère : « Vous savez, le pauvre garçon, il est revenu, mais il y a peu de chance qu'il survive ». C'était le cas de Jean Le Galleu, il est revenu, mais il est mort deux mois après.

Alors pour moi, l'extermination directe, ça n'a pas une grosse signification. J'ai fait presque deux ans là-bas, mais la mortalité moyenne était de six ou sept mois. Donc il y avait l'extermination directe, mais aussi par la famine, le travail. Et à la fin, l'extermination sur les routes.

Et puis vous avez vu Bergen Belsen. Il n'y avait pas que des Juifs à Bergen Belsen, il y avait Raymond qui y était. Alors les gens qui vous parlent de camps d'extermination... Pour nous, les anciens déportés, il y a les camps et puis c'est tout.

Par exemple, si vous regardez la liste des déportés qui sont morts à Auschwitz, il y a beaucoup de Juifs, mais il y a aussi un bon paquet de résistants qui sont morts à Auschwitz. Alors camp d'extermination, ça ne veut pas dire grand-chose : ceux qui mourraient à Klinker, ils n'étaient pas en camp d'extermination, il n'y avait pas de crématoires. Juste, ils mourraient à Klinker et les camions bennes les chargeaient pour faire les trois kilomètres jusqu'aux crématoires du grand camp. Pareil à Heinkel, les morts, ou ceux qui ne pouvaient plus fournir, ils les amenaient directement au grand camp. Parce que pour nous, Sachsenhausen, c'était le grand camp, et il y avait des camps annexes. Et pareil quand on parle d'Auschwitz : autour, il y a Birkenau, il y a Maldanek qui sont des sites annexes de grands camps.

Marche de la mort

Un jour le 10 avril 1945, il y a eu un bombardement stratégique au-dessus du commando Klinker. À Klinker, il y avait le Kommando et puis aussi la fabrique de grenades ; ça a été complètement écrasé, alors les gens qui étaient dans les baraques... Les baraques ont pris feu, parce qu'après les bombes, ils ont balancé du phosphore, enfin le kommando a été anéanti. Par les Américains ! Quarante-huit avions qui ont balancé leurs bombes. C'était le bombardement stratégique. Comme c'était du sable, là-bas, des baraques en bois, les câbles, le goudron, plus le phosphore là-dessus, ça a vite flambé.

Quand on parle des bombardements, tous les kommandos ont été peu ou prou bombardés : les gens qui travaillaient à Berlin ont été bombardés, au grand camp on a été bombardés. Quand tout a été écrasé, les derniers avions ont balancé le phosphore et à ce moment-là, ça a été l'horreur. Inutile de dire qu'il n'y avait pas d'abri.

À la briqueterie, les cadavres des gens qu'on a sortis, étaient brûlés à quatre pattes. On les sortait comme ça ; on ne pouvait pas les allonger, ils étaient calcinés. On les a alignés pendant deux jours le long du canal. Ils sont restés plusieurs jours sur plusieurs centaines de mètres.

Après, y'en a qui sont restés pour charger les cadavres et tout pour le crématoire. Parce qu'on avait quatre fours, et après ça a été doublé parce qu'il y avait des fours ambulants, ça faisait huit fours. Parce que lorsqu'on parle de camp d'extermination, par exemple Dachau était un camp aussi un camp d'extermination, Buchenwald était aussi un camp d'extermination, etc.

Ce bombardement-là, c'était le moment où ça finissait. Ils ont commencé à bombarder en 43, je me souviens la première fois où je les ai vus, c'était au printemps 1943, vers le mois de juin. C'était typique ce bombardement, ils sont venus bombarder de jour, le premier bombardement de jour. J'ai vu tomber vingt-sept avions : les uns, c'était une aile qui était cassée, les autres, c'était un morceau de la queue qui manquait. Cette date de 43, c'est important parce qu'à ce moment-là, ils avaient toute leur DCA, alors qu'à partir du débarquement la DCA avait disparu. Alors là, ils faisaient ce qu'ils voulaient. Mais ils bombardaient de nuit, parce que le grand bombardement de jour, ils n'ont pas recommencé.

Le 11 avril 45, lendemain du jour où le camp a été bombardé, j'ai été appelé et j'ai été affecté à un autre kommando. C'était un kommando où on allait en ville. C'était pas mal d'aller en ville ! « Bombsucher », notre travail, c'était de faire du terrassement pour déterrer les bombes à retardement américaines dans Oranienburg et les ruelles environnantes pour qu'elles soient ensuite désamorcées par un artificier. C'étaient les bombes qui étaient balancées par les ricains qui explosaient, une heure après, d'autres après vingt-quatre heures. C'est-à-dire que quand on déterrait une bombe, on ne savait pas si elle allait éclater, alors c'était bon pour le moral comme travail. C'était un kommando où il y a eu une mortalité de près de 50%, je l'ai fait que dix jours heureusement.

Les 20-21 avril 1945 : évacuation du camp par les ⚡⚡ de 30 000 déportés en direction de la mer Baltique

Au bout de ces dix jours, on arrivait à la date du 20 avril. C'est important cette date du 20 avril, parce que le camp a été libéré le 21. Et alors, à ce moment-là (le 20 avril), on nous a réunis par groupe, on nous a donné un bout de pain — un demi pain, il y avait 500 grammes de pain environ — du pain noir. Et on nous a mis sur la route. Bien gardés, bien sûr et on est parti en direction de la mer Baltique.

On y était plus ! On était parti et là ça a duré pendant douze jours, sans ravitaillement. Et autour de toutes les fontaines, quand il y avait des fontaines dans les villages, les habitants ramassaient des cadavres parce que les ⚡⚡ étaient bien gentils, ils se mettaient là autour de la fontaine aussi, et puis au bout d'un quart d'heure, eh bien, ils abattaient tous ceux qui étaient à la fontaine. Et dans tous les petits villages comme ça, il y a des cimetières de déportés, parce que la route qui conduit à la Baltique, il y a des panneaux comme ça qui indiquent la route de la mort, « Totenstrasse ».

J'étais avec Bironeau qui est décédé il y a deux ans. Alors lui et moi la nuit, jamais je n'ai autant serré un homme dans mes bras. Qu'est-ce qu'on se serrait, alors on dormait dans les bois et dans les champs, à même le sol, sans couverture, sans rien. Alors, on se serrait l'un contre l'autre. On a marché plus de deux-

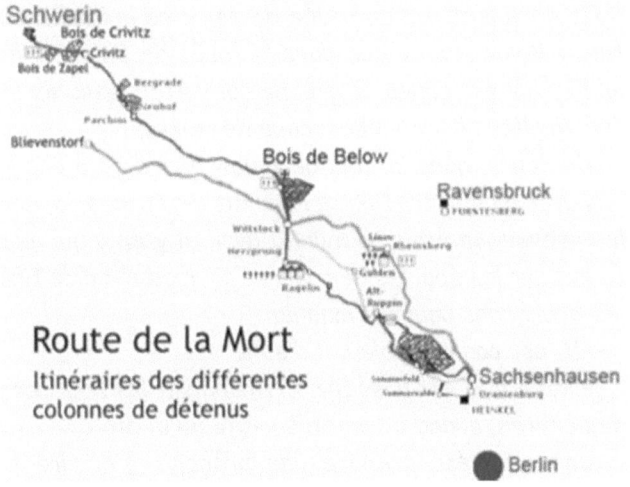

Route de la Mort
Itinéraires des différentes colonnes de détenus

cents kilomètres, pendant douze jours, sans aucun ravitaillement... Sans ravitaillement et puis avec l'interdiction de boire de l'eau. Alors on suçait de l'herbe ; c'était au mois d'avril, quand même. Donc, on souffrait de la faim et aussi de la soif. Il y avait la pépie.

Un matin, on s'est réveillé... C'était le 2 mai au matin, un vacarme, des grenades qui partaient, des mitraillettes... On s'est dit « On va être en pleine bagarre ! » C'étaient des détenus. Ils avaient des mitraillettes, ils tiraient en l'air, d'autres jetaient des grenades... On avait été abandonnés !

On n'a pas été libérés, non, non ; on a été, comment dire... Abandonnés.

On avait été abandonnés parce que, autour du lieu où on avait passé la nuit, on a retrouvé des uniformes ᛋᛋ. Ils avaient abandonné leur uniforme et étaient partis pour essayer de ne pas être pris comme ᛋᛋ.

Ils n'avaient pas eu l'idée de faire ce qui avait été fait à Below, parce que dans la forêt de Below, c'est un lieu qui est connu, le groupe qui y était, eux, ils ont été fusillés ; il y a eu beaucoup de morts.

D'ailleurs, dans le bois de Below quand on a été là-bas avec mon petit-fils, je lui ai dit : « Tu vois, là, dans les arbres, on était au mois d'avril, il y en a qui montaient sur les épaules des autres pour essayer de tirer les bourgeons pour les manger !

— C'est pas possible !, il disait.

— Mais si, c'est possible. On mangeait les bourgeons des arbres, quand on pouvait ! », je lui ai dit.

Alors j'ai été prendre une branche, j'ai tiré les bourgeons et devant mon petit-fils, j'ai avalé les bourgeons. Il me regardait comme ça ! On mangeait ce qu'on pouvait.

Évidemment, le nombre de morts sur les routes... D'ailleurs ça a été surnommé les routes de la mort.

Ça a été pire à Auschwitz. Auschwitz, c'était en plein hiver. Même à Auschwitz les wagons qui étaient pleins de cadavres dans les trains, c'étaient des wagons qui avaient été abandonnés, avec les gens dedans. D'où tous ces cadavres...

À Bergen Beltsen, c'est pareil, tous ces cadavres qui avaient été abandonnés ; en plus il y avait le typhus... D'ailleurs les anglais ont enterré les morts dans des fosses en poussant les cadavres au bulldozer. C'est horrible ça.

Libération (?)

Donc, on n'a pas été vraiment libérés parce qu'à un moment donné, il y avait un endroit où il y avait des prisonniers français : un camp de prisonniers militaires français. Il y a des prisonniers français qui disaient qu'il y avait un train de prisonniers qui allait rentrer [en France]. Alors on a dit « On va y aller ! ». Alors on y a été, on a été reçu par le gradé qui nous a dit « pas question de vous ramener ; vous n'êtes pas des militaires donc pas question de vous ramener ». Il ne voulait pas. Seulement, il n'était pas tout seul dans la salle. Alors la salle s'est remplie et un peu plus, les gradés sortaient avec la peau des fesses un peu labourée. Ils ont imposé [les prisonniers de guerre] qu'on soit les deux premiers [avec Bironeau] à monter dans le train des prisonniers de guerre. Il y en a un qui a dit « C'est un honneur de les avoir avec nous. » Alors on est rentrés dans un train de prisonniers, parce que ce sont des prisonniers qui sont intervenus auprès des gradés pour nous imposer dans le train.

On n'avait rien. Il n'y avait rien de prévu pour nous. Rien !

Les bombardements, tous les Américains ne savaient pas qu'il y avait des camps, soi-disant, hein ! Quand ils ont bombardé Birkenau par exemple, on voyait les crématoires juste en dessous, ça n'a pas été touché... Il n'y avait rien de prévu pour les déportés. Vous savez qu'il y a des déportés ukrainiens ou russes qui ont erré pendant des mois... Il y a aussi des gosses juifs qui ont erré pendant des mois, en Europe.

Donc, nous voilà dans le train, on revient donc dans le train. Le premier train jusqu'à Brême, on a été dans des wagons à bestiaux. Après, on nous a mis dans un train de voyageurs. Mais dès qu'on est arrivés en Hollande, on s'est arrêté, et à ce moment-là, on a eu du ravitaillement. Mais on ne pouvait pas le manger ce ravitaillement, ce n'était pas bon pour nous, il fallait avoir un régime.

Quand on a été libérés, moi, j'avais de la dysenterie. À Bruxelles, un docteur qui est passé m'a dit « vous monsieur, vous venez avec nous, parce que votre copain, il a le typhus. Donc, on l'emmène et vous, vous contactez la famille. Vous leur dites qu'ils ne s'inquiètent pas. Il va être opéré et après une dizaine de jours, il sera sauvé ». Bironneau y est resté pendant quinze jours. Donc quand je suis revenu, la première chose que j'ai faite, je suis allé chez moi et puis je suis allé rue du Fort, pour voir sa mère pour lui dire que son fils arrivait dans dix ou quinze jours.

Alors pour ma dysenterie, je pouvais à peine manger, et puis on est arrivé en France à Lille. À Lille, on a reçu des vêtements civils et tout et j'ai eu tort, je me suis débarrassé de mes vêtements, et puis on est arrivé à Paris à l'hôtel Lutétia.

Bon, moi, au Lutétia, je suis arrivé le soir, et puis à un moment donné, je me suis dit : qu'est-ce que je fais là ? Et on m'a dit : « On va vous donner un ticket de métro pour rentrer ». Mais il n'y avait pas encore de métro. Alors j'ai décidé de prendre mon sac, que j'avais pris sur un soldat allemand, et je suis parti du Lutétia.

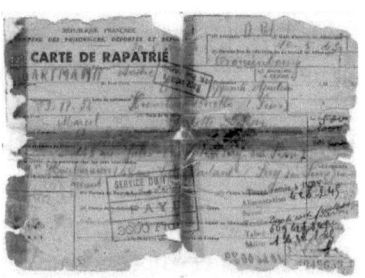

Sur sa carte de rapatrié, en bas à droite, la mention manuscrite "n'a pas perçu son ticket"

Je suis rentré à Ivry à pied. Moi, pour rentrer du Lutétia à Ivry après ce que j'avais fait, c'était rien du tout.

Alors je suis rentré chez moi. Ma mère habitait un rez-de-chaussée et elle avait toujours les volets ouverts et la fenêtre entrouverte alors je suis rentré par la fenêtre. Ma mère qui était couchée, s'est levée et puis elle m'a dit : « Tu rentres déjà ? » Elle croyait que c'était mon frère qui rentrait du bal. Quand elle a vu que c'était moi, la pauvre, elle a failli avoir une crise cardiaque ! Et alors sitôt après que j'ai déjeuné, j'ai été au Fort, à la rue du Fort, chez la mère de Bironneau, lui dire que son fils arrivait dans une quinzaine. Puis j'ai eu de la visite... Mme Clerville par exemple, qui est venu avec du ravitaillement. Bien sûr, ma mère était à l'entrée de la chambre. Interdiction !

Au début, on n'était pas épais, parce que les gens qui ont été libérés dans les camps, ils étaient anorexiques aussi. Moi, je me souviens de ces pauvres gens, ces gens cadavériques, il y en avait un, on voyait du côté de la couture, il avait la hanche fendue comme ça, et la chair qu'on voyait, ce n'était pas une chair rouge, mais une chair jaunâtre. Mais il ne saignait pas. Puis il y en a d'autres qui étaient maigres comme tout, ils avaient des érysipèles, vous connaissez cette maladie, ils avaient des têtes comme des citrouilles. Affreux !

Ensuite, je suis allé chercher mes papiers et puis j'ai eu une syncope à la mairie. Ma mère n'a pas voulu que j'aille à l'hôpital. Elle a dit non. Alors après, on s'est remis. J'ai été bien accueilli à Ivry. Ensuite, au bout de huit ou dix jours, il y a un oncle de Normandie qui est venu me chercher. Là-bas, ma famille en Normandie m'a gavé. Il allait collecter du lait dans les fermes, j'avais du ravitaillement, même je leur disais « Arrêtez, vous m'en donnez trop ! » Et puis où j'habitais, mon oncle s'occupait de « faucarder » la rivière, l'Eure, alors il connaissait la rivière par cœur. Si je lui disais que je voulais manger un petit brochet ou une petite anguille, il me l'amenait sur la table le midi. J'ai été gâté par la famille, et après, j'ai repris le travail.

Retour en France

Voilà. C'est tout ! Alors il s'est passé une chose quand même... Après, on nous a fait parler, et quand on a commencé à parler... « Le pauvre, il est atteint de la tête, il raconte n'importe quoi ! », ou encore du genre qui nous traitait de menteurs. Alors, ça a été assez dur pour nous à digérer ! Disons qu'il y a eu une époque, avant, où vraiment... Au début, on n'était pas écouté... Alors on s'est tu. On s'est beaucoup tu, au début...

On racontait des choses impossibles, vous alliez raconter aux gens qu'il fallait se lever le matin, faire trois kilomètres le matin sans avoir à manger, toute la journée pousser des wagonnets où il y avait du plomb et du cuivre et le soir revenir avec deux briques sous le bras, et tenir le coup. Si je raconte ça, on me dit « C'est pas vrai ». Si je raconte que j'ai marché plus de deux cents kilomètres, pendant dix jours, sans aucun ravitaillement, et puis avec l'interdiction de boire de l'eau. On suçait de l'herbe, c'était au mois d'avril quand même, on mangeait des bourgeons, on pouvait brouter de l'herbe. Ils ne vous croient pas ! Ça m'a réussi : j'ai eu de la dysenterie ! Et tout ça avec un copain qui avait le typhus. On souffrait de la faim et aussi de la soif. On avait la pépie. Quand on disait ça, on nous disait « C'est pas possible ». Pas possible... Et pourtant.

Bon maintenant, vous me connaissez, ce que je vous ai raconté, vous le croyez, parce que vous sentez qu'il y a quand même des informations... Mais quelqu'un qui vous raconte qu'il a marché pendant dix jours deux cents kilomètres sans manger, ni boire, vous allez le croire vous ? Moi, je ne sais pas si j'aurais cru avant...

Au début, on ne nous croyait pas. On était un peu spéciaux...

Après, la vie a repris. Il a fallu retravailler, etc.

Moi, je suis revenu avec des poumons voilés, et tout... Mais je me suis assez bien remis et j'ai la chance d'être dans cet état-là. C'est pour ça que, quand moi, j'en parle, je dis que je ne suis pas une victime. Mon père est une victime. Mais je ne suis pas une victime, parce que tout le long, tout le long, j'étais accompagné par des gens qui continuaient à vivre la Libération, à faire quelque chose, à essayer de faire quelque chose. Ils ne s'installaient pas comme victimes...

Par exemple, quelqu'un qui a un accident, il se sait victime, mais nous, on savait qu'on était là, qu'on pouvait essayer de faire quelque chose et on s'entraidait malgré tout ce qu'on subissait... Et je crois que c'était très très fort pour notre moral. Moralement d'ailleurs, il y a ce copain qui a dit que j'étais un grand maigre toujours gai... C'est ce moral qui nous a permis de tenir quand même, pourtant on était famélique.

Plus tard mes enfants me l'ont reproché : je ne leur en parlais pas. Alors maintenant, ma femme, elle dit que j'en parle trop, étant donné que je fais partie des derniers survivants qui sont debout.

J'ai la grande chance d'être, à 83 ans dans l'état où je suis. Je suis un privilégié en plus. Et puis, comme je considère que je suis vieux et puis que j'essaye de faire rimer vieux avec heureux, alors je ne suis pas une victime.

Je suis retourné trois fois au camp. Mais j'ai plus envie d'y retourner. Non, parce que premièrement, le camp, quand j'y suis retourné, ce n'était pas aménagé comme maintenant. C'est aménagé en musée.

Alors quand on n'a le souvenir des baraquements vétustes et qu'on voit ces baraques bien tenues, avec des tables bien cirées, ça ne me rappelle rien.

Ou si, quand on voit les camarades qui ont été enterrés là, les fusillés... Bon, les barbelés, il y en a encore un petit peu, mais il n'y a plus l'ambiance.

Et puis actuellement, ce qui me ferait le plus souffrir, c'est la documentation. J'ai vu de la documentation au début, qui était écrite par des déportés. Maintenant, il y a une documentation, comme par exemple, un livre qui s'appelle L'Euthanasie des juifs à tel endroit. *Voilà ! Eh bien, « l'Euthanasie », ça ne me va pas, à moi, euthanasie ! On n'était pas volontaire, on ne demandait pas « vous voulez bien nous tuer, s'il vous plait ». On ne demandait pas qu'on nous tue, ce n'est pas de l'euthanasie ! Alors, j'ai trouvé ça choquant. Quand j'écris « euthanasie », je l'écris avec un z : eu-tha-nazie !*

Alors c'est pour ça qu'on a du mal à se faire comprendre, même maintenant, quand on en parle. Moi, j'ai vu une fois un pauvre type, c'était un Ukrainien, qui discutait avec son distributeur de gamelle. L'autre, il l'a pris et il lui a plongé la tête dans la soupe. L'autre, il a gigoté. Il l'a rejeté et l'autre, il n'était plus vivant le gars. Il y avait des gars qui étaient derrière, ils ont mangé de la soupe. J'ai vu ça au kommando Speer, une fois. Il y a des choses qu'on ne peut pas raconter. Il y a eu un gars, il a eu cinquante coups. Il était sur un chevalet spécial et puis le derrière dénudé et puis des coups de cravache. Cinquante fois ! Il fallait qu'il les compte et s'il se trompait, il fallait qu'il recommence à compter. Mais à la fin, il râlait, il comptait plus. On voyait bien que la cravache, elle était pleine de sang. On assistait à ça ; c'était donné en exemple.

Je suis inquiet. La transmission de la mémoire, il faudrait garder la transmission transmise par les témoins. Les historiens... J'ai lu récemment qu'il y a un film sur un type qui était ecclésiastique et qui s'était engagé dans les SS. Il disait qu'il faisait ça parce qu'il avait pitié de ces pauvres SS. Pour moi, c'était un engagé dans la SS quand même. Comme quand j'ai parlé des Alsaciens qui étaient SS. Il faut avoir le courage de dire que s'ils étaient dans la SS, ils ont été recrutés dans la SS, c'est qu'ils étaient volontaires ! La Wehrmacht, d'accord, mais les SS, c'était autre chose.

Et puis moi, on était à côté de Berlin, où il y avait la division « Dasrach », celle qui avait la tête de mort. Les SS c'était l'horreur. Qu'on pense enlever des gosses, comme ils l'ont fait à Oradour, les mettre dans une église et y foutre le feu avec des bombes incendiaires dedans ! Alors moi, vous savez, quand les témoins disparaissent, l'histoire est souvent oubliée...

Il y a plusieurs histoires dans la même histoire. Là, c'est un peu mon histoire, mais vous auriez pris un *autre déporté, c'est à peu près la même. Chacun le dit avec son cœur, mais il l'a vécu. Là, je parle comme témoin, je n'essaie pas d'échafauder « j'ai fait ci, j'ai fait ça ». Mais il y a ceux qui en ont fait des romans... Moi, je veux bien... Il y a des choses qui sont... on ne fait pas exprès, mais on extrapole un peu, et puis on risque de sortir de la vérité quoi ! Alors moi, je reste dans la vérité, tant que je peux.*

image d'archive

L'après-guerre

[Ici s'arrêtent les mémoires rédigées ou rapportées par mon père. Cependant, ce travail de mémoire ne serait pas complet si on n'y ajoutait pas quelques tranches de vie qui pourraient paraitre anecdotiques, mais témoignent de l'ampleur des séquelles qui l'ont poursuivi dans la construction du reste de sa vie. Ce ne sont pas les souvenirs de sa mémoire, mais le rapprochement de multiples conséquences que j'ai pu comprendre à partir de documents, que j'ai trouvé récemment dans ses affaires après le décès de ma mère. Rassemblés et ajoutés à mes propres souvenirs, ils permettent de reconstituer, comme un puzzle aux pièces manquantes, le difficile chemin de sa vie. (Joël Hartmann)]

Ainsi, pour l'Histoire, la déportation se termine début mai 1945. Au mieux, les historiens relatent les quelques mois qui ont suivi, au cours desquels les survivants furent soignés, autant que faire se put, mais parfois sans succès, puis essayèrent de retrouver leur famille, tandis que les familles cherchaient les survivants, souvent sans les retrouver.

Mais pour mon père, comme, je crois, pour tous les déportés, le drame ne s'est pas arrêté là.

Certes, ils avaient survécu, ils étaient libres, ils rentraient chez eux et retrouvaient leur famille. Du moins, ce qu'il en restait. Mon père savait déjà que le sien avait été fusillé. Il eut la chance de ne pas avoir d'autres mauvaises surprises dans la famille. J'imagine que son retour auprès de sa mère et de la fratrie a dû être un moment d'intense émotion.

Mais comme il l'a dit, de façon très évasive (au sens premier du terme) : « *Après, la vie a repris. Il a fallu retravailler, etc.* ». Derrière ce pudique "*etc.*" se cache surtout le difficile réapprentissage de la vie.

Les différentes dimensions de cette réadaptation à la vie normale sont multiples, complexes et contradictoires. Il y avait bien sûr les problèmes de santé qu'il fallait soigner ou apprendre à supporter et surtout le traumatisme psychologique à affronter tous les jours... et toutes les nuits peuplées de cauchemars. Et puis la confrontation aux autres, la recherche de travail, la frustration de son adolescence volée, de ses études interrompues. L'injustice ressentie de revenir dans une société qui ne les attendait pas, qui n'avait rien prévu pour eux et dont il se sentait sinon rejeté, du moins exclu.

Et tout ça se heurtait à une furieuse envie de vivre sa jeunesse, l'insouciance de l'adolescence qu'on lui avait volée, une partie de sa jeunesse dont il se sentait amputé.

Bien qu'il m'ait dévoilé des bribes de ces frustrations et de ces souffrances, je n'ai perçu cette dimension que très récemment, en trouvant dans une boîte, de vieilles photos de juin 1945. Sur l'une d'entre elle, on le voit juché sur un cheval. C'est un adulte d'une vingtaine d'années, le visage émacié, les yeux creusés, les bras encore amaigris, mais avec un sourire d'enfant à qui on fait faire un tour de poney.

Et malgré ça, il fallait affronter la vie « normale ». Il fallait retravailler...

Mon père a parfois évoqué sa réinsertion dans la vie sociale de cette après-guerre. La différence qu'il évoque dans un propos rapporté un peu plus haut (« *on était un peu spéciaux* »), mais aussi la difficulté à s'intégrer dans une région parisienne qui était libre depuis près d'un an, qui avait eu le temps de commencer à s'organiser, à se structurer, à travailler.

Lui a dû passer juin 1945 à se soigner physiquement, à récupérer son poids (il ne pesait que 38 kg pour un 1,74 m à son retour en France !) et sa musculature. Après cette convalescence passée chez ses oncles et tantes en Normandie, il est rentré à Ivry auprès de sa mère et a commencé à chercher du travail. Mais dans une France en cours de reconstruction, où les structures industrielles et économiques n'étaient pas encore opérationnelles, les bonnes places étaient difficiles à trouver, pour un jeune de vingt ans sans qualification. « *Les places ont été prises après la libération, m'a-t-il raconté un jour. Nous, on arrivait trop tard. J'étais trop âgé pour retourner à l'école. Ma scolarité avait été interrompue après le certificat d'étude. Je n'avais pas le choix. Il fallait travailler et accepter ce qui restait.* » Il devait retourner dans le monde du travail, mais tout en bas de l'échelle sociale à laquelle il n'avait pas eu sa chance d'accéder.

C'est ainsi que, dès juillet 1945, il entra dans un journal comme apprenti photographe. C'est-à-dire peu payé. Moins d'un an plus tard, il alla chercher un vrai salaire à la Compagnie du chemin de fer métropolitain de Paris (qui devint RATP en janvier 1948), comme poseur de voies, travail de force s'il en est, de nuit, pour des hommes sans qualification.

L'échelle sociale, il a dû la gravir plus tard, par des cours du soir et des concours qui lui ont permis de se qualifier.

Un foyer déchiré

Ce n'est pourtant pas dans cette frénésie de vie et de jeunesse qu'il a connu sa première épouse. J'ai appris récemment, comment ils avaient fait connaissance. Ironie du destin, c'est à la déportation qu'il doit ce premier amour. Elle cherchait son père, déporté lui aussi au camp de Sachsenhausen, au Lutecia. Mais mon père ne l'avait pas connu, ou du moins, il n'en avait pas le souvenir. Les hommes disparus dans le brouillard furent tellement nombreux... Sa future femme apprit un jour, que son père faisait partie de ceux qui ne reviendraient jamais. Elle était venue chercher un père ; elle trouva son futur mari.

Est-ce le besoin de vivre sa jeunesse, l'envie de vivre à toute allure, la peur de l'avenir ? Ils se marièrent début 1947 et eurent rapidement deux enfants : ma demi-sœur et mon demi-frère.

Mais il n'était certainement pas prêt pour ça. Trop de problèmes pas encore dépassés ? Trop de vengeances à prendre sur la vie ? Trop d'envie de vivre, de reprendre ce qu'il n'avait pas eu ? Trop de souffrances qu'il ne savait pas gérer ? Un peu de tout ça sans doute. On ne peut jamais savoir ce qui se passe au sein d'un foyer, et *a fortiori* entre deux personnes profondément blessées par un tel drame. Que peut-il se passer dans la psychologie d'un couple formé d'un homme qui en est revenu et d'une femme dont le père y est resté ? Vaste sujet qui nous dépasse et qui restera dans l'ombre. Toujours est-il qu'assez rapidement, le couple se délite et finit par se déchirer.

Mon père finit par quitter le domicile conjugal dès 1953, délaissant sa femme et abandonnant ses enfants de cinq et deux ans. Le divorce ne sera prononcé que trois ans plus tard, en 1956.

À qui la faute ? Le jugement de divorce fait apparaitre des faits sans équivoque. Je tiens, d'une cousine qui les a rédigés, que mon père a lui-même présenté des témoignages de complaisance, à charge contre lui, afin de prendre tous les torts et accélérer la procédure pour satisfaire l'impatience de sa future épouse, ma mère. De même, un mois avant l'audience, il a lui-même produit des courriers s'incriminant, où il atteste de sa rupture de fait de la vie conjugale et de sa volonté définitive de mettre un terme à cette union. Cela ne signifie pas qu'il n'était pas en faute. Il l'était indubitablement. Mais ça nous invite à la pondération et à la retenue pour se faire une idée de la vérité, même à la lecture d'un jugement. La réalité nous échappera toujours, comme elle leur échappait vraisemblablement. Alors est-il seulement pertinent d'invoquer une faute ? Je crois que personne n'est légitime à porter un jugement. Cela n'a simplement pas de sens. Il ne faut pas chercher de responsable ; il n'y a que des victimes.

Peut-on conclure que cette famille éclatée fut victime induite par le traumatisme de la déportation ? On ne peut l'affirmer ; peut-être que ce même couple dans un contexte différent aurait connu la même issue... Mais compte tenu des souvenirs de mon enfance, comme on le verra plus loin, je dois avouer que je ne puis qu'en douter.

Déstalinisation ; une famille éclatée

En 1956, outre son divorce, va se jouer une tragédie familiale d'un autre ordre. Sur fond d'actualité politique, elle va se dérouler au sein de sa fratrie.

Il faut se rappeler que mon père est issu d'une famille ouvrière, très impliquée dans le mouvement communiste. Son père, élu municipal communiste et secrétaire de Maurice Thorez, est destitué par le gouvernement Daladier et doit entrer dans la clandestinité. Il sera finalement arrêté en juin 1942 et fusillé au Mont Valérien en août. Son frère aîné, résistant communiste, sera arrêté pour les mêmes raisons et réussira à s'évader. Sa mère, alors décédée, s'est illustrée également jusqu'à sa mort par son action au sein des œuvres populaires du parti. La famille Hartmann a toujours été impliquée dans ce parti.

En février 1956, Khrouchtchev communique le *Rapport sur le culte de la personnalité*, dont la fuite hors de l'URSS, et en particulier au sein des partis communistes des autres pays, a lancé l'opération de déstalinisation. Ce rapport explosif eut pour conséquence de générer de vifs débats au sein du bureau politique du parti et des tensions apparurent jusque dans ses moindres cellules. Mais en juin, le Parti Communiste Français minimise la portée des crimes de Staline et ne retient que le bilan d'un « grand théoricien et organisateur n'ayant jamais dévié de sa mission ». Parmi les crimes dénoncés par le rapport Khrouchtchev, figurent les déportations massives des prisonniers politiques dans les goulags, qui ne sont rien d'autres que des camps de concentration.

Évidemment, pour un ancien déporté, ce n'est pas supportable. Mon père défendra donc la ligne d'une déstalinisation stricte, ce qui le conduira, comme beaucoup d'autres, à déchirer sa carte du parti communiste. Sa famille, et notamment son frère ainé[57] qui participe au Comité Central, ne comprennent pas cette décision et le vivent comme une trahison. Il est mis à l'écart d'une partie de la fratrie avec qui il ne conservera que des liens extrêmement distants.

---

[57] Son frère ainé n'est autre que Jean Hartmann, dont la stratégie d'encadrement du Parti Communiste est montrée comme un exemple significatif dans la publication de Paul Bouland ["Des hommes quelconques ; La Politique d'encadrement au crible de la sociobiographie (1944-1974). Claude Pennetier, Bernard Pudal, Le sujet communiste. Identités militantes et laboratoire du " moi", Presses universitaires de Rennes, 2014, pp.191-216.2014.978-2-7535-3481-0].

Il ne gardera des relations proches qu'avec son jeune frère Gilbert et sa sœur cadette Rolande.

Ici encore, il n'y a aucune faute, ni aucun reproche à faire, ni aux uns ni aux autres. Comment ceux qui, en dépit de leur tactique politique et de leur maîtrise de l'argumentation, n'avaient pas connu les camps, auraient-ils pu comprendre la violence des sentiments de ceux qui en étaient revenus, à l'égard des responsables des goulags ? Comment et au nom de quoi, lui, aurait-il pu accepter que l'on tolère ces crimes ?

La rupture entre ces deux frères qui partageaient pourtant les mêmes idéaux et les mêmes combats, en raison de ce passé différent, était consommée. Définitive, inconciliable.

Reconstruction

À partir de 1958, le temps aidant, mon père a commencé à maîtriser ses démons, en tout cas suffisamment pour commencer une reconstruction plus stable, plus solide. Mais il ne faut pas croire que ça s'est passé sans difficulté et sans souffrance.

Il vivait déjà une relation avec ma mère depuis plusieurs années. Deux opposés s'étaient attirés pour le meilleur et pour le pire. Lui, citadin provenant d'un milieu ouvrier, communiste, déporté, divorcé. Elle, provinciale *montée à Paris* depuis son petit village de Corrèze, venant d'une famille traditionnelle d'agriculteurs, catholique pratiquante... Des antipodes s'étaient rencontrés. Magie du Paris d'après-guerre j'imagine... Ça ne s'annonçait pas simple. Pourtant, ces différences furent rarement l'enjeu de disputes. Elle allait à l'église ; il la conduisait à la messe, évidemment sans y mettre les pieds, sauf exceptionnellement pour des cérémonies familiales. Lui, avait quitté le parti communiste en 1956, mais continuait ses activités syndicales et ne se privait pas de commenter l'actualité qu'on écoutait sur le vieux poste de TSF, puis sur la seule chaîne de télévision noir et blanc. Quelques remarques ironiques sur les *bondieuseries* de temps en temps et des répliques tout aussi railleuses de ma mère à propos des *cocos*. Tout cela restait bon enfant. On était loin du monde de Péponne et Don Camillo. Au final, leurs différences les plus visibles ne posèrent jamais réellement de problème dans leur couple.

Ses qualités de Parisien et divorcé, étaient plus compliquées à gérer vis-à-vis de sa belle-famille pour qui il est resté avant tout un Parisien et un divorcé. C'est en tout cas un rejet qu'il a perçu de la part d'une partie de sa belle-famille pendant assez longtemps.

En 1958, deux ans après son divorce, il a épousé ma mère. Il a évidemment accepté un mariage religieux. Ma sœur est née la même année et moi, deux ans plus tard. Il a bien sûr accepté également que ma mère nous inflige une éducation religieuse.

Voilà pour le contexte familial.

Mes premiers souvenirs assez clairs datent d'environ 1965 ; auparavant, 1964, c'est très lacunaire. Et ce ne sont que des souvenirs de situations vues avec des yeux d'un enfant de quatre ans. Mes premiers souvenirs de mon père commencent donc approximativement vingt ans après son retour. Vingt ans ! Après tout ce temps, on serait tenté de croire que les plaies auraient été cicatrisées, que la douloureuse page de la déportation aurait été tournée... On est loin du compte. Il lui faudra à peu près vingt ans de plus pour que son caractère, au quotidien, soit apaisé.

Entendons-nous bien, je ne prétends pas que des troubles de l'humeur se manifestaient chaque jour. Non, bien évidemment. Mais c'était effectivement susceptible d'arriver à tout moment pour des motifs que je ne comprenais évidemment pas, quand il s'agissait de querelles d'adultes. Mais je ne les comprenais pas toujours, même lorsque cela ne concernait que moi. Ou, plus souvent, même si je les comprenais, la rapidité de sa réaction et sa démesure me surprenaient et m'impressionnaient.

Il n'était pas réellement violent, ou du moins, il savait se maitriser. Certes, on se prenait quelques gifles de temps en temps et les fessées tombaient. Même si elles étaient trop fréquentes à mon goût, ça n'allait jamais au-delà, et à l'époque, c'était une pratique courante qui ne choquait personne. Dans ces années-là, il faut se souvenir que le martinet était un article que l'on trouvait dans toutes les quincailleries et les châtiments corporels étaient couramment pratiqués à l'école. Il faut donc relativiser et si je peux aisément le qualifier de père autoritaire, il était davantage impressionnant que violent.

Du reste, au cours de ses colères les plus vives, je ne l'ai jamais vu frapper ma mère, même lorsqu'elle s'interposait pour nous éviter une correction à ma sœur ou à moi. C'était une violence verbale, mais extrêmement spectaculaire, et faisant resurgir des thématiques de son passé du type « les boches m'ont pas eu, je n'ai pas peur de ceci ou cela... » Mais ces accès de colère imprévisibles sont longtemps restés impressionnants pour l'enfant que j'étais. Sans doute ressentais-je cette violence potentielle bien qu'il l'ait toujours maitrisée et je l'ai longtemps crainte. Peut-être jusqu'au début de l'adolescence...

Néanmoins, ses épisodes de colère ne se déclenchaient pas par hasard, sans raison. Mais comme cela a été noté, bien plus tard, par le Docteur Michel Pierre, psychiatre, dans son étude sur les *Pathologies des déportés*, la souffrance psychologique apparaissait en présence d'objets ou au cours d'évènements en relation avec la déportation. Parfois le lien est évident et *a posteriori*, certaines colères auraient été prévisibles.

Je me souviens par exemple qu'en 1970, en nous rendant en vacances en Autriche, notre route passait à quelques kilomètres de Dachau et mon père a voulu faire le détour pour nous faire visiter le camp. Volonté de nous transmettre le souvenir. Ma mère avait accepté à contrecœur d'y aller. C'était un progrès pour lui de pouvoir affronter ça et cela aurait pu très bien se passer. Malheureusement, l'organisme qui gérait la visite du camp avait rendu le parking payant, avec un employé à l'entrée, accoutré dans une sorte d'uniforme bizarre, d'une couleur qui, semble-t-il, tirait sur un vert assez proche de celui de l'armée allemande pendant la guerre. Trop ressemblant en tout cas pour que ça se passe bien. Mon père a montré la plaque d'invalide de guerre apposée sur le pare-brise, mais a essuyé un refus. Je ne sais pas ce que mon père a pu répondre. Il parlait bien allemand à ce moment-là. C'est parti instantanément : une violence verbale spectaculaire dont nous ne saisissions évidemment pas le contenu, mais on a vu le visage du gardien se décomposer avant que mon père ne reprenne le volant et force le passage. Il a mis plusieurs minutes à se calmer, fulminant sa rage en français ce qui nous a permis de comprendre l'objet de sa colère : il trouvait scandaleux, abject, choquant, indécent (et je passe de nombreux autres adjectifs plus colorés...) que les Allemands se permettent de faire payer un ancien déporté pour le laisser entrer dans un camp de concentration, eux qui avaient mis tant d'énergie à les empêcher d'en sortir. Sur le fond, il avait évidemment raison. La forme en revanche était, pour le moins, excessive. Mais sa réaction était en fait tout à fait prévisible.

En revanche, d'autres fois, l'explosion de colère était plus inattendue. Je me souviens par exemple, d'un accès de fureur instantané et extrêmement bref lorsque ma mère était revenue d'un magasin où elle avait trouvé, en promotion, un peignoir de bain dont j'avais besoin pour des activités nautiques. Contente de cette bonne affaire, elle exhiba sa trouvaille au motif imprimé de rayures bleues sur fond blanc. C'était la mode semble-t-il. Il lui arracha des mains et le jeta immédiatement par la fenêtre. Quatorze étages tout de même ! Curieusement, il se calma presque aussitôt et commenta son geste par un bref : « ces rayures, je les ai déjà trop vues ». On était en 1975, trente ans après sa libération, il ne le supportait toujours pas. Ni ma mère, ni moi, ne l'avions vu venir.

Plus difficile était de prévenir les sujets liés à l'actualité, car ils pouvaient arriver de multiples manières. Des commentaires maladroits ou des comparaisons abusives de journalistes pouvaient déclencher de vifs emportements. Lors des évènements de mai 1968, le simple slogan « CRS-SS » suffisait à le faire sortir de ses gonds. « Ces crétins ne savent pas ce que sont des SS, s'emportait-il. Moi, je sais ce que c'est un SS. Les CRS sont des doux fonctionnaires à côté des SS. Ce n'est même pas comparable ». Il avait pourtant été confronté aux CRS lors de manifestations dans les années 50.

Ses séquelles se voyaient plus encore dans son sommeil. Travailleur de nuit, il dormait une partie de la journée. Le jeudi (à cette époque ce n'était pas le mercredi), il ne fallait pas faire trop de bruit pour ne pas le réveiller. La maison était silencieuse et nous pouvions entendre quand il faisait ses cauchemars, ses sursauts, ses cris parfois...

Il avait conservé ses réflexes de déporté, restant sur le qui-vive dans son sommeil, refusant de rester au lit, même malade, toujours dans cette logique de survie : celui qui ne se lève pas est mort. Il allait travailler même avec 40° de fièvre, et lorsqu'il a fait sa péritonite, au début des années soixante, il est parti travailler et a attendu le dernier moment pour finalement se faire embarquer d'urgence par les pompiers. Il fut opéré immédiatement. Dès le lendemain matin, malgré sa cicatrice et un drain, le chirurgien le retrouvait debout dans le couloir, qui se tenait l'abdomen en grimaçant. Quand ce dernier lui a dit de regagner son lit, il lui a répondu « quand je resterai au lit, c'est que je serai mort ». Dix ans plus tard, soit près de trente ans après son retour de Sachsenhausen, à l'occasion d'une autre intervention chirurgicale, son comportement fut exactement le même, avec peut-être un peu plus de rondeur dans sa façon de l'exprimer.

Petit à petit, on apprenait ce qui déclenchait ses colères tandis qu'il s'efforçait de les maîtriser. Certains sujets ou certaines situations méritaient d'être évitées, ce qui n'est pas toujours facile au quotidien.

La nourriture par exemple et en particulier le gaspillage alimentaire le mettait hors de lui. Ou le simple mot « faim » pouvait déclencher de vives explications au cours desquelles il assenait que non, ce n'était pas ça, la faim. À l'approche du dîner, ou même si l'on avait sauté un repas, « on a de l'appétit, disait-il ; on n'a pas faim. Vous avez la chance de ne pas savoir ce que c'est d'avoir faim ». Et il valait mieux ne pas insister. Certains sujets de société comme le racisme, de politique comme les totalitarismes, ou historiques représentaient des terrains minés. Mais au quotidien, il était plus simple de ne pas s'y aventurer.

On ne peut pas conclure cet aspect sans évoquer la souffrance refoulée liée à l'impossibilité d'en parler avec ses proches, comme une sorte de tabou familial, ce qui transparait à plusieurs reprises dans les manuscrits de ses mémoires.

À l'époque, nous — et j'entends par ce « nous », tout son entourage — ne le comprenions pas. Nous connaissions son passé, mais nous n'imaginions pas que vingt, trente voire quarante ans après, il gardait des traces aussi profondes de ses souffrances et nous n'établissions pas forcément le lien avec ses troubles du caractère. Avec le recul et la diffusion de certaines recherches sur le sujet, ce n'est que récemment que j'ai pu établir la corrélation avec le tableau du *Syndrome du survivant* décrit par le docteur W. Niederland : cauchemars, insomnies, symptômes psychosomatiques (troubles cardiaques, intestinaux), nervosité, irritabilité, épisode de colère ; remémorations obsédantes. Des études plus récentes du docteur Michel Pierre retrouve des signes psychologiques quarante ans plus tard, comme les souffrances psychologiques en relation avec certains évènements, le sentiment d'être étranger vis-à-vis des autres, la difficulté à ressentir certaines émotions avec ses conséquences sociales et familiales.

Ce docteur aurait-il connu mon père ?

Et jusqu'à la mort

Au cours des dernières années de sa vie, mon père semblait avoir maitrisé les démons intérieurs qui avaient été imprimés au plus profond de son être pendant sa détention. Ses colères se faisaient plus rares ; j'ai même vu ma mère avec une veste à rayures bleues. Certains sujets, très sensibles, ne pouvaient être abordés, mais ils devinrent moins nombreux. Il pouvait expliquer la différence entre la faim et l'appétit avec bienveillance, sur un ton plus pédagogique.

Puis il a commencé à oser parler de la déportation. D'abord en dehors de la maison, bien sûr. Ensuite, il a suivi plus assidument la vie de la fédération des anciens déportés, il s'y est impliqué davantage, progressivement, pour devenir Président de la section de la FNDIRP[58] d'Ivry. Il participait aux cérémonies de commémorations, à des voyages du souvenir et il a même réussi à y emmener ma mère... Puis il a rédigé et lu des discours sur le travail de mémoire, n'hésitant plus à rencontrer les jeunes dans les collèges pour transmettre la mémoire.

---

[58] Fédération Nationale des Déportés et Internés Résistants et Patriotes

Il a enfin commencé à écrire les siennes et à extérioriser les visions d'horreur qui le hantaient toujours par le dessin et la peinture (comme le dessin page 103, "*Kochmar du VQ*").

Malheureusement, les séquelles physiques du camp, avec l'âge, lui ont occasionné des soucis de santé de plus en plus lourds. Jusqu'à l'ultime cancer qui l'a emporté en 2012. Quelques semaines auparavant, il se battait encore et trouvait la force de s'en amuser.

Pourtant, sur son lit de mort, les démons du camp le traquaient encore. Quelques jours seulement avant de s'éteindre, les hallucinations provoquées par la morphine étaient encore peuplées de SS qui le persécutaient jusque dans cette chambre d'hôpital et le harcelaient pendant les quelques moments de répit que laissait la maladie.

Il a dû se battre jusqu'au bout contre le traumatisme psychologique, contre cette blessure invisible qui n'a jamais cicatrisé. Jusqu'à la mort...

La guerre, pour mon père, a continué jusqu'à son décès le 8 juillet 2012.

~ ~ ~

Annexe
Chronologie familiale de la guerre

- octobre 1939	Décret Daladier, dissolution du parti communiste
- novembre 1939	Son père contraint à la clandestinité
- mai 1940	Exode
- septembre 1940	Retour sous l'occupation
- 30 avril 1942	Arrestation
- mai 1942	Transfert au Centre de la Motte Beuvron
- juin 1942	Arrestation de son père Marcel et de son frère Jean
- 11 août 1942	Assassinat de son père, fusillé au Mont Valérien
- mars 1943	Évasion du centre de la Motte Beuvron
- avril 1943	Compiègne
- 8 mai 1943	Convoi vers Sachsenhausen
- 20 avril 1945	Marche de la mort
- 3 mai 1945	Libération
- 21 mai 1945	Retour en France

TABLE

AVANT PROPOS	5
ENFANCE	17
CONTEXTE HISTORIQUE	22
EXODE	29
OCCUPATION	36
RÉSISTANCE	38
ARRESTATION	46
CAVALE	52
PRISON MILITAIRE D'ORLÉANS	56
COMPIÈGNE	61
DÉPORTATION	65
PENDAISONS	101
EXTERMINATION	103
MARCHE DE LA MORT	108
LIBÉRATION (?)	113
RETOUR EN FRANCE	117
L'APRÈS-GUERRE	122
UN FOYER DÉCHIRÉ	127
DÉSTALINISATION ; UNE FAMILLE ÉCLATÉE	130
RECONSTRUCTION	133
ET JUSQU'À LA MORT	142
ANNEXE CHRONOLOGIE FAMILIALE DE LA GUERRE	144